基礎からきちんと 中国語

CD 2枚付

胡 婉如・柿市里子 著

東方書店

まえがき

　本テキストは初めて中国語を学習する学生を対象とした初級用の教材である。
　「読む」「聞く」「書く」「話す」の四技能を関連づけながら、論理と実践をもって学習できるように配慮した。
　特に意を尽くしたのは以下の点である。

1. 発音編（全五課）では、日本語のローマ字表記音と中国語のローマ字表記音とは似て非なるものであることを理解するために、国際音声記号文字を示して解説し、「練習問題」をこなすことにより、習得の効果を図った。

2. 本文編（全十二課）では、「本文」は学生にとって興味をもちそうな内容のストーリーを用い、全課とのつながりをもたせた。「文法の要点」では、基礎文法をしっかり理解し、平易な例文を用いて習得し易いようにした。さらに「練習問題」では、応用問題をこなすことにより、習得の定着を図った。

3. 本文編の「練習問題」は、2.置き換え練習 5.中国語の質問と応答 6.会話文など、特に口頭練習を充実させた。

4. 単語については、「本文」の単語は各課冒頭に「新出単語」として挙げ、「文法の要点」及び「練習問題」で加わった単語は「補充単語」として「練習問題」の前に列挙した。合計700以上にのぼる単語数である。巻末にはピンイン配列による「中国語索引」と「日本語索引」を付けた。単語帳の代わりに、また作文作成の手助けとして利用されることを望む。

5. 音声学習のために、発音編は主要な部分すべて、本文編は「新出単語」「本文」「補充単語」「練習問題」の5、6.を録音したCD（A・B2枚）を付けた。予習・復習に活用されることを期待する。なお、教授用には本文編の例文を含め、通しでCD（A・C・D3枚）を用意してある。授業時に適宜利用されたい。

6. 週2回の授業では、「本文」「文法の要点」「練習問題」1.～6.まで。週1回の授業では、「本文」「文法の要点」を中心に進め、「練習問題」は宿題にするなど、適宜実施することを願う。

　なお、本テキストを使用される諸先生方の忌憚のないご意見を戴ければ幸甚です。
　最後に、本テキストの刊行にあたり、特にご助力戴いた東方書店コンテンツ事業部の川崎道雄氏と家本奈都さんに心より感謝の意を表します。

2013年春　　　　　　　　　　　　　　　　　　　　　　　　　　　　著者記す

目　次

発音編

第一課 ………………………………………………………………… 2
　　　1. 発音器官　2. 音節の仕組み　3. 声調（1）四声（声調）（2）軽声
　　　4. 単韻母

第二課 ………………………………………………………………… 6
　　　 1. 声母　2. 声母と単韻母の組み合わせ

第三課 ………………………………………………………………… 14
　　　1. ゼロ韻頭の複韻母　2. ゼロ韻頭の鼻韻母　3. i 韻頭の複韻母
　　　4. i 韻頭の鼻韻母

第四課 ………………………………………………………………… 22
　　　1. u 韻頭の複韻母　2. u 韻頭の鼻韻母　3. ü 韻頭の複韻母

第五課 ………………………………………………………………… 28
　　　1. 不（bù）の変調　2. 一（yī）の変調　3. 第三声の変調
　　　4. 儿化（捲舌音化）　5. 隔音記号　6. 軽声　7. 音節の連読

【参考】　◉漢詩「春暁」　　◉家族の名称 ………………………… 31

簡単な挨拶語………………………………………………………… 32
教室用語……………………………………………………………… 33

本文編

第一课　您贵姓？……………………………………………………… 38
　　　　1. 人称代詞　2. 動詞"是"　3. 疑問詞"什么"　4. 副詞"也"

第二课　您最近身体好吗？…………………………………………… 46
　　　　1. 構造助詞"的"(1)　2. 形容詞述語文　3. 主述述語文
　　　　4. 疑問詞"怎么样"　5. 語気助詞"吧"(1)

第三课　我家只有三口人。…………………………………………… 56
　　　　1. 数詞(1)　2. 量詞　3. "二"と"两"　4. 動詞"有"　5. 疑問詞"几"
　　　　6. 副詞"还"　7. 語気助詞"呢"(1)　8. 副詞"只"　9. 年齢の尋ね方
【参考】　●量詞と名詞の組み合わせ　………………………………… 67

第四课　我的词典在书架上。………………………………………… 68
　　　　1. こそあど　2. 指示代詞と量詞　3. 構造助詞"的"(2)　4. 方位詞
　　　　5. 動詞"在"　6. 副詞"都"　7. 疑問詞疑問文
【参考】　●漢詩「枫桥夜泊」「听弹琴」 ………………………………… 79

第五课　我喜欢看电影。……………………………………………… 80
　　　　1. 時間詞(1)　2. 疑問詞"多少"　3. 名詞述語文　4. 一般動詞述語文
　　　　5. 動詞"喜欢"　6. 助動詞"想""要""能"
【参考】　●数詞(2)　●金銭の言い方 …………………………………… 93

第六课　从你家到大学要几个小时？ ………………………………… 94
　　　　1. 時間詞(2)　2. 時間補語(1)　3. 介詞"在""从""到""离"
　　　　4. 語気助詞"呢"(2)　5. 連動文　6. 疑問詞"怎么"(1)
　　　　7. "先…，然后…"　8. 助動詞"得"　9. 動態助詞"了₁"(1)
【参考】　●漢詩「凉州词」 ………………………………………………… 105

第七课　上海比东京凉快吧。………………………………………… 106
　　　　1. 語気助詞"了₂"(1)　2. 将然態"快…了"　3. 多＋形容詞
　　　　4. 時間補語(2)　5. 数量補語"一点儿"　6. 比較の表現
　　　　7. 動態助詞"过"　8. 動量補語　9. 動詞"打算"　10. 介詞"跟"

iii

第八课　你学了几年汉语了？ …………………………… 118
　　1. 様態補語　2. 動態助詞"了₁"と語気助詞"了₂"(2)
　　3. "了₁"と"了₂"と時間補語　4. 選択疑問文"还是"　5. 結果補語
　　6. "对…感兴趣"　7. 語気助詞"吧"(2)

第九课　我可以问你一个问题吗？ …………………………… 130
　　1. "来"　2. 介詞"给"　3. 動詞の重ね型　4. 方向補語(1)
　　5. "一边…一边…"　6. 構造助詞"地"　7. 形容詞の重ね型
　　8. 助動詞"可以""会""能"　9. 二重目的語　10. "(是)…的"の構文
　　11. "一…也／都"＋否定形述語

第十课　你在干什么呀？ …………………………… 144
　　1. 進行態"正在""呢"と持続態"着"　2. 疑問詞"怎么"(2)
　　3. "是不是"　4. 介詞"被"　5. 動量補語"一下"　6. 副詞"有点儿"
　　7. 助動詞"应该"　8. 助動詞"会"(2)　9. 方向補語（2）
　　10. 指示代詞"这儿／那儿"　11. 限定修飾語
　【参考】　◉結果補語 ………………………………………… 157

第十一课　我把同学们都叫来吧。 …………………………… 158
　　1. "听说"　2. 指示代詞"这么""那么"　3. 介詞"把"　4. 副詞"挺"
　　5. "…什么的"　6. 兼語文"请／让／叫"　7. 副詞"就"
　　8. "好吗"と"好呢"　9. "要是…的话，"
　【参考】　◉動詞と名詞の結びつき ………………………… 167

第十二课　为我们的友谊干杯！ …………………………… 168
　　1. 存現文　2. 副詞"别／不要"　3. 副詞"刚"　4. 可能補語
　　5. 程度補語"极了"　6. "希望…"　7. "谢谢…"　8. "祝…"　9. 介詞"为"

中国語索引 ………………………………………………………… 179
日本語索引 ………………………………………………………… 191

品詞略称

[名]	名詞	[副]	副詞
[方]	方位詞	[介]	介詞
[人代]	人称代詞	[助]	助詞
[指代]	指示代詞	[動助]	動態助詞
[疑代]	疑問代詞	[構助]	構造助詞
[動]	動詞	[語助]	語気助詞
[助動]	助動詞	[嘆]	感嘆詞
[形]	形容詞	[接頭]	接頭語
[数]	数詞	[接尾]	接尾語
[量]	量詞	[接]	接続詞

基礎からきちんと中国語
発音編

第一課
発音編

学習ポイント
1. 発音器官
2. 音節の仕組み
3. 声調（1）四声（声調）（2）軽声
4. 単韻母

1. 発音器官

中国語の発音法則と日本語の発音法則は異なります。発音器官名と発音器官図を参照し、中国語の発音法則を習得しましょう。

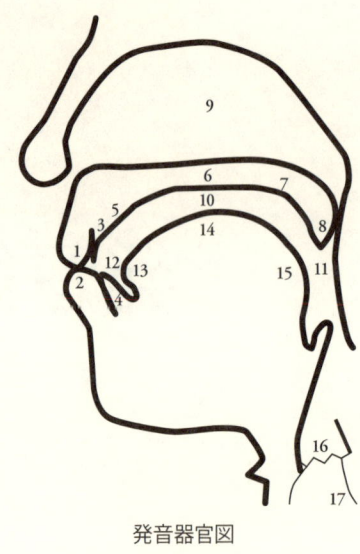

発音器官図

発音器官名 >>>
1. 上唇
2. 下唇
3. 上歯
4. 下歯
5. 歯茎（はぐき）
6. 硬口蓋（うわ顎前部）
7. 軟口蓋（うわ顎後部）
8. 口蓋垂（俗称、のどちんこ）
9. 鼻腔（鼻の内腔）
10. 口腔（口の内腔。鼻腔や咽頭に連なる部分）
11. 咽喉（のどの空所）
12. 舌尖（舌の先）
13. 舌端（舌先やや奥寄り）
14. 舌面の前と中（舌のひらたい面の前部と中部）
15. 舌根
16. 声帯
17. 気管

2. 音節の仕組み 〔CD A 01〕

一漢字 一音節	A 声母 (21) 〈頭子音〉	B 韻母〈母音中心〉(38)			C 声調 (4) 〈四声〉
		①韻頭〈介母音〉	②韻腹〈主母音〉	③韻尾〈母音／鼻音〉	
ā（啊）			a		―
lái（来）	l		a	i	／
xiǎo（小）	x	i	a	o	∨
zhuàng（状）	zh	u	a	ng	＼

▶ 原則として漢字一字が一音節に相当する。
A 声母：頭の子音のことを「声母」という。声母だけで音節は成立しない。21 ある。
B 韻母：母音中心の並びで構成されているものを「韻母」という。およそ 38 ある。
　韻母は ①韻頭 ②韻腹 ③韻尾に分かれる。
　①韻頭は声母と主母音を介するので、介音ともいう。
　②韻腹は音節に欠くことのできない主母音のこと。これに声調が伴いはじめて意味を
　　もつ音節が成立する。したがって、韻腹だけで音節が成立する。
　③韻尾は母音あるいは鼻音で構成される。
C 声調：韻腹の上に伴う四種のアクセント。

3. 声調

(1) 四声

音節に伴う音の高低昇降を表すアクセント。4 種類あるので四声ともいう。
▶ 第 1 声は 5 から 5 の高く平たい音。
▶ 第 2 声は 3 から 5 に上昇する音。
▶ 第 3 声は 2 から 1 に下がり、さらに 4 まで上がる音。ただし、第 3 声が連続して現れる場合、前の第 3 声は第 2 声に変えて（声調記号は ∨ のまま）発音する。後ろに第 1 声、第 2 声、第 4 声が来る場合、上昇部分がなくなり、2 から 1 に下がる。これを半三声という。
▶ 第 4 声は 5 から 1 に急降下する音。

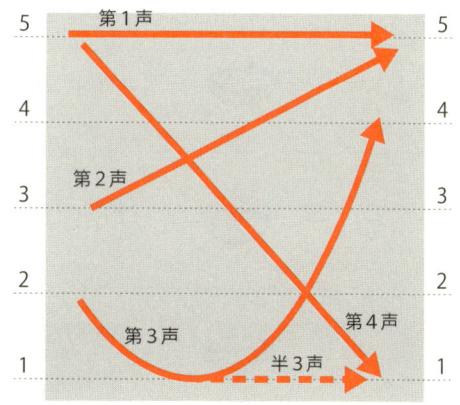

(2) 軽声

軽声：軽く短く発音される音節のこと。声調記号はつけない。
　　　xiè + xiè → xièxie（谢谢）
　　　mā + mā → māma（妈妈）

第1声	第2声	第3声	第4声	軽声
ā	á	ǎ	à	a

4. 単韻母（単母音） CD.A 02

国際音声記号文字
▼

a		：日本語の「ア」より口を大きく開ける。	[A]
o		：「オ」より口を丸く突き出す。	[o]
e		：「エ」より唇は半開きで、舌が後方に位置し、のどの奥から「オ」。	[ɤ]
ê		：「エ」より口を大きく開ける。	[ɛ]
i(yi)		：「イ」より唇を左右横に強く引く。	[i]
u(wu)		：「ウ」より唇を丸く突き出す。	[u]
ü(yu)		：iの位置で、唇を徐々にすぼめながらやや前突させる。	[y]
er		：eを発音してすぐに舌先を上にそり上げる。	[ɚ]

※単母音はすべて声帯が振動する有声音である。

※（ ）内は声母、子音がつかないときのつづり方。
日本語のローマ字表記音と中国語の拼音（ピンイン）ローマ字表記音は異なる。
「国際音声記号文字」を参照のこと。

【練 習】

(1) 音声のあとに続けて発音しなさい。

ā	á	ǎ	à	ā	(啊)
ō	ó	ǒ	ò	ó	(哦)
ē	é	ě	è	è	(饿)
yī	yí	yǐ	yì	yī	(一)
wū	wú	wǔ	wù	wǔ	(五)
yū	yú	yǔ	yù	yú	(鱼)
ēr	ér	ěr	èr	èr	(二)

(2) 音声を聞いて声調記号をつけなさい。

① a　（啊）　② o　（哦）　③ e　（饿）　④ yi　（一）

⑤ wu　（五）　⑥ yu　（雨）　⑦ er　（二）　⑧ ayi　（阿姨）

⑨ eyu　（鳄鱼）　⑩ wuyi　（武艺）　⑪ eryu　（耳语）　⑫ yu'er　（育儿）

(3) 音声のあとに続けて発音しなさい。

mā（妈）　má（麻）　mǎ（马）　mà（骂）　ma（吗）

Má māma mà mǎ ma？（麻妈妈骂马吗？）

Mǎ māma mà mǎ.（马妈妈骂马。）

第二課
発音編

学習ポイント
1. 声母
2. 声母と単韻母の組み合わせ

1. 声母（子音）

声母表 04

発音方法 発音部位		破裂音 無声 無気	破裂音 無声 有気	鼻音 有声	破擦音 無声 無気	破擦音 無声 有気	摩擦音 無声	摩擦音 有声	側面音 有声
唇音	両唇音　上唇と下唇	b(o)	p(o)	m(o)					
唇音	唇歯音　上歯と下唇						f(o)		
舌尖音	歯茎と舌先前部	d(e)	t(e)	n(e)					l(e)
舌根音	うわ顎後部と舌根	g(e)	k(e)				h(e)		
舌面音	うわ顎前部と舌面前部				j(i)	q(i)	x(i)		
捲舌音	うわ顎前部と舌先後部				zh(i)	ch(i)	sh(i)	r(i)	
舌歯音	上歯裏と舌先前部				z(i)	c(i)	s(i)		

▶「発音方法」は音を調えて発する方法のことで、「調音法」ともいう。
▶「発音部位」は音を調えて発する部位、すなわち器官のことで「調音点」ともいう。

2. 声母と単韻母の組み合わせ(子音＋単母音)

1〉 両唇音　　b [p]　p [pʻ]　m [m]　　[ ] は国際音声記号文字

b(o)：上下の唇をしっかり閉じ、息を溜めて、ゆるやかに破裂させる。(無気)

p(o)：bの要領で、強く破裂させる。(有気)

m(o)：bの要領で、息を溜めて鼻に送り共鳴させる。声帯の振動が伴う。(有声)

2〉 唇歯音　　f [f]

f(o)：上の前歯を下の唇内側に近づけ、狭いすき間から息を摩擦させて出す。

(無声)

破裂音　無気		破裂音　有気	鼻音　有声	摩擦音　無声
ba	↔	pa	ma	fa
bo	↔	po	mo	fo
bi	↔	pi	mi	
bu	↔	pu	mu	fu
			me	

✓【練 習】

(1) 音声のあとに続けて発音しなさい。

① bà (霸)　② pā (趴)　③ bǎ (把)　④ bù (歩)

⑤ bí (鼻)　⑥ pí (皮)　⑦ mǐ (米)　⑧ bǐ (比)

⑨ fú (福)　⑩ pǔ (普)　⑪ ma (吗)　⑫ ba (吧)

(2) 音声を聞いて声調記号をつけなさい。

① ba　(八)　② pa　(怕)　③ po　(破)　④ ma　(妈)

⑤ fa　(罚)　⑥ bi　(笔)　⑦ yufa (语法)　⑧ baba (爸爸)

⑨ mayi (蚂蚁)　⑩ yifu (衣服)　⑪ Fayu (法语)　⑫ yumi (玉米)

(3) 音声を聞いて声母を書き取りなさい。

① __á (爬)　② __á (拔)　③ __ǔ (母)　④ __ǎ (马)

⑤ __ō (坡)　⑥ __ō (钵)　⑦ __ù (铺)　⑧ __ù (不)

⑨ ___ó（佛）　　⑩ ___ā___ú（发福）　　⑪ ___ù___ù（瀑布）　　⑫ ___í___a（琵琶）

(4) 音声のあとに続けて発音しなさい。

Bàba pà māma, māma bú pà bàba.（爸爸怕妈妈，妈妈不怕爸爸。）

3〉 舌尖音　　d [t]　t [tʻ]　n [n]　l [l]

d(e)：舌先中部を上の歯茎にあて、息をためて、ゆるやかに破裂させる。（無気）
t(e)：dの要領で強く破裂させる。（有気）
n(e)：息を鼻に送り鼻腔・咽喉に共鳴させる。（有声）
l(e)：舌先中部をd, t, n発音時よりやや後ろの歯茎にあて、舌の両側から声を出す。はっきりとした弾性に富む音。（有声）

破裂音 無気		破裂音 有気	鼻音 有声	側面音 有声
da	↔	ta	na	la
de	↔	te	ne	le
di	↔	ti	ni	li
du	↔	tu	nu	lu
			nü	lü

【練習】

(1) 音声のあとに続けて発音しなさい。

① **dé**　（得）　　② **tè**　（特）　　③ **dú**　（毒）　　④ **tú**　（徒）

⑤ **dì**　（第）　　⑥ **tì**　（剃）　　⑦ **lǐ**　（李）　　⑧ **nǚ**　（女）

⑨ **nù**　（怒）　　⑩ **lù**　（露）　　⑪ **lǘ**　（驴）　　⑫ **lí**　（梨）

(2) 音声を聞いて声調記号をつけなさい。

① **da**　（搭）　　② **ta**　（他）　　③ **du**　（读）　　④ **tu**　（吐）

⑤ **la**　（拉）　　⑥ **na**　（拿）　　⑦ **ni**　（你）　　⑧ **lü**　（绿）

⑨ **liwu**（礼物）　⑩ **didi**（弟弟）　⑪ **yilü**（疑虑）　⑫ **Deyu**（德语）

(3) 音声を聞いて声母を書き取りなさい。

① __ù （兔）　　② __ù （肚）　　③ __ǔ （女）

④ __ǔ （旅）　　⑤ __ǎ （打）　　⑥ __ǎ （塔）

⑦ __ǔ __ì （土地）　⑧ __ì __ú （地図）　⑨ __ù __ú （路途）

⑩ __ǔ __ì （努力）　⑪ __ǎ __ǜ （法律）　⑫ __à __ù （大陆）

(4) 音声のあとに続けて発音しなさい。

Tā nǔlì, tā bù nǔlì. （她努力，他不努力。）
Dìdi bǐ tā dà. （弟弟比他大。）

4〉 舌根音　g [k]　k [kʻ]　h [x]

g(e)：舌のつけ根をうわ顎の後部にあて、息をためて止め、ゆるやかに破裂させる。（無気）

k(e)：g の要領で、強く破裂させる。（有気）

h(e)：舌のつけ根と上あごの後部とで狭いすき間をつくり、そこから摩擦させて出す。（無声）

破裂音　無気		破裂音　有気	摩擦音　無声
ga	⟷	ka	ha
ge	⟷	ke	he
gu	⟷	ku	hu

【練習】

(1) 音声のあとに続けて発音しなさい。

① **gū**（姑）　② **kù**（酷）　③ **hù**（户）　④ **hé**（河）

⑤ **gè**（各）　⑥ **kǎ**（咔）　⑦ **há**（蛤）　⑧ **gā**（嘎）

⑨ **kè**（客）　⑩ **hú**（狐）

(2) 音声を聞いて声調記号をつけなさい。

① **ga**（咖）　② **ka**（卡）　③ **he**（喝）　④ **ke**（渴）

⑤ **hu**（湖）　⑥ **gu**（古）　⑦ **ku**（哭）　⑧ **ha**（哈）

⑨ **guwu**（鼓舞）　⑩ **yuge**（渔歌）　⑪ **gege**（哥哥）　⑫ **di'er ke**（第二课）

(3) 音声を聞いて声母を書き取りなさい。

① __é__é（合格）　② __ǔ__ē（谷歌）　③ __é__ú（和服）

④ __ǎ__ǔ（打虎）　⑤ __ā__ó（哈佛）　⑥ __ā__í（咖喱）

⑦ __ú__u（糊涂）　⑧ __è__ǔ（刻苦）　⑨ __ǔ__è（补课）

⑩ __ě__è（可乐）　⑪ __ù__ū（护肤）　⑫ __é__é（隔阂）

(4) 音声のあとに続けて発音しなさい。

mǎmǎhūhū（马马虎虎）　　**Hālì·Bōtè**（哈利·波特）

Gēge kě le, gēge hē kělè.（哥哥渴了，哥哥喝可乐。）

5）舌面音　　j [tɕ]　　q [tɕʰ]　　x [ɕ]

j(i)：舌先面を下前歯裏につけて、息をためて止め、ゆるやかに破裂摩擦させて出す。（無気）

q(i)：jの要領で、強く破裂摩擦させて出す。（有気）

x(i)：舌面とうわ顎前部の間に狭い隙間を作り、息を摩擦させて出す。（無声）

▶ jü, qü, xü は ju, qu, xu とつづる。

破擦音　無気		破擦音　有気	摩擦音　無声
ji	⟷	qi	xi
ju	⟷	qu	xu

【練 習】

(1) 音声のあとに続けて発音しなさい。

① **jǐ**（几）　② **qǐ**（企）　③ **xǐ**（喜）　④ **qí**（骑）

⑤ **jí**（急）　⑥ **xí**（习）　⑦ **qù**（趣）　⑧ **jù**（剧）

⑨ **xù**（旭）　⑩ **qǐfā**（启发）　⑪ **jìxù**（继续）　⑫ **Wúxī**（无锡）

発音編

(2) 音声を聞いて声調記号をつけなさい。

① **ji**　　（鸡）　　② **qi**　　（七）　　③ **xi**　　（洗）

④ **qu**　　（去）　　⑤ **bixu**　（必须）　⑥ **quyu**　（区域）

⑦ **yiju**　（依据）　⑧ **juji**　（聚集）　⑨ **erji**　（耳机）

⑩ **yuju**　（语句）　⑪ **yiqi**　（一起）　⑫ **gewuji**（歌舞伎）

(3) 音声を聞いて声母を書き取りなさい。

① __ī __ì（机器）　② __ǔ __ǔ（谱曲）　③ __ū __ī　（夫妻）

④ __ǔ __ì（举例）　⑤ __ù __ū（故居）　⑥ __ǔ __ě　（许可）

⑦ __é __ù（和煦）　⑧ __ǔ __ù（女婿）　⑨ __ù __à　（巨大）

⑩ __í __ǔ（汲取）　⑪ __í __ì（奇迹）　⑫ __ù __è __ù（俱乐部）

(4) 音声のあとに続けて発音しなさい。

　　bú kèqi（不客气）

　　Gēge hé dìdi yìqǐ qù xǐ yīfu.（哥哥和弟弟一起去洗衣服。）

6〉捲舌音　　zh [tʂ]　　ch [tʂʻ]　　sh [ʂ]　　r [ʐ]　　-i=[ɿ]

CD.A 17

zh(i)：舌先後部を反らしてうわ顎前部に当て、息をためて止め、ゆるやかに破裂摩擦させて出す。（無気）

ch(i)：zh の要領で、強く破裂摩擦させて出す。（有気）

sh(i)：舌先後部をうわ顎前部に近づけて固定させ、隙間から息を摩擦させて出す。（無声）

r(i) ：sh の要領で、声帯を振動させて出す。（有声）

▶zh, ch, sh, r に付く -i = [ɿ] は、単母音の [i] と異なり、唇を左右に引かず舌を動かさない [-i]。

CD.A 18

破擦音　無気		破擦音　有気	摩擦音　無声		摩擦音　有声
zha	⟷	cha	sha		
zhe	⟷	che	she	⟷	re
zhi	⟷	chi	shi	⟷	ri
zhu	⟷	chu	shu	⟷	ru

【練 習】 CD_A 19

（1） 音声のあとに続けて発音しなさい。

① **zhà** （诈）	② **chà** （差）	③ **shā** （纱）	④ **zhé** （折）
⑤ **chè** （彻）	⑥ **shé** （蛇）	⑦ **zhú** （竹）	⑧ **chū** （初）
⑨ **shǔ** （鼠）	⑩ **shī** （诗）	⑪ **zhǐ** （指）	⑫ **chǐ** （尺）
⑬ **shāyú**（鲨鱼）	⑭ **rěshì**（惹事）	⑮ **lìshǐ**（历史）	⑯ **rìjì** （日记）

（2） 音声を聞いて声調記号をつけなさい。

① **zhi** （纸）	② **chi** （吃）	③ **shi** （十）
④ **re** （热）	⑤ **zhe** （这）	⑥ **cha** （插）
⑦ **Riyu** （日语）	⑧ **zhuxi** （主席）	⑨ **shashi** （沙石）
⑩ **ruyi** （如意）	⑪ **shuzhu** （属猪）	⑫ **chushi** （厨师）

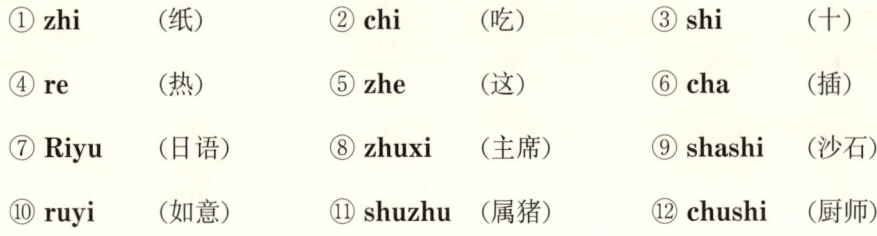

（3） 音声を聞いて声母を書き取りなさい。

① **__á__ī** （炸鸡）	② **__ǜ__á** （绿茶）	③ **__ì__ē** （汽车）
④ **__ú__í** （熟习）	⑤ **__ú__ū** （图书）	⑥ **__é__ǐ** （哲理）
⑦ **__ì__ì** （智力）	⑧ **__ū__ū** （突出）	⑨ **__ī__í** （支持）
⑩ **__ē__ǐ** （奢侈）	⑪ **__ù__è** （祝贺）	⑫ **__ī__i** （知识）

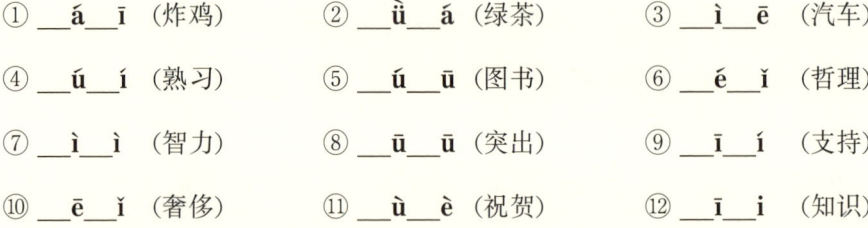

（4） 音声のあとに続けて発音しなさい。

rèhūhū（热呼呼）　**lèhēhē**（乐呵呵）

Zhū shūshu hē rè chá.（朱叔叔喝热茶。）

7〉舌歯音　z [ʦ]　c [ʦʻ]　s [s]　-i= [ɿ]

CD_A 20

z(i)：舌先を平らにして、うわ前歯の歯茎の裏に当て、息をためて止め、ゆるやかに破裂摩擦させて出す。（無気）

c(i)：z の要領で、強く破裂摩擦させて出す。（有気）

s(i)：舌先を歯茎に近づけて狭いすき間をつくり、そこから息を摩擦させて出す。（無声）

➤ z, c, s に付く -i = [ɿ] は、唇を左右に引いた [i]「イ」の形で、「ウ」の音に近い。

発音編

破擦音　無気		破擦音　有気	摩擦音　無声
za	⟷	ca	sa
ze	⟷	ce	se
zi	⟷	ci	si
zu	⟷	cu	su

✅ 【練　習】

(1) 音声のあとに続けて発音しなさい。

① zá　（砸）　② sà　（飒）　③ cù　（促）　④ zú　（足）

⑤ sú　（俗）　⑥ zī　（姿）　⑦ cí　（词）　⑧ sī　（思）

⑨ sè　（瑟）　⑩ cè　（侧）　⑪ yǐzi（椅子）　⑫ Lāsà（拉萨）

(2) 音声を聞いて声調記号をつけなさい。

① za　（扎）　② ce　（策）　③ sa　（撒）　④ zi　（字）

⑤ ci　（赐）　⑥ si　（四）　⑦ cu　（粗）　⑧ zize（自责）

⑨ zuzhi（组织）　⑩ zuse（阻塞）　⑪ ceshi（测试）　⑫ Segu（涩谷）

(3) 音声を聞いて声母を書き取りなさい。

① ___á___ì（杂志）　② ___ù___ù（速度）　③ ___ù___è（宿舍）

④ ___ī___ī（司机）　⑤ ___ī___ù（吃醋）　⑥ ___ǐ___ǔ（子女）

⑦ ___ó___ā（摩擦）　⑧ ___ǐ___è（紫色）　⑨ ___ū___ē（租车）

⑩ ___ǔ___ù（朴素）　⑪ ___ū___ì（初次）　⑫ __ì__ì__ū（自治区）

(4) 音声のあとに続けて発音しなさい。

Sì shì sì, shí shì shí, shísì shì shísì, sìshí shì sìshí, zhè shì shìshí.

（四是四，十是十，十四是十四，四十是四十，这是事实。）

13

第三課
発音編

学習ポイント
1. ゼロ韻頭の複韻母　▶声調記号の付け方
2. ゼロ韻頭の鼻韻母
3. i 韻頭の複韻母
4. i 韻頭の鼻韻母

1-1. ゼロ韻頭の複韻母

🎧23　ai［ai］　ei［ei］　ao［ɑu］　ou［ou］　：二重母音
前の母音をはっきりと、後ろの母音は短く、軽く。

✅【練 習】🎧24

(1) 音声のあとに続けて発音しなさい。

āi	ái	ǎi	ài	ài（爱）
āo	áo	ǎo	ào	ǎo（袄）
ēi	éi	ěi	èi	éi（欸）
ōu	óu	ǒu	òu	ōu（欧）

1-2. 声母＋ゼロ韻頭の複韻母

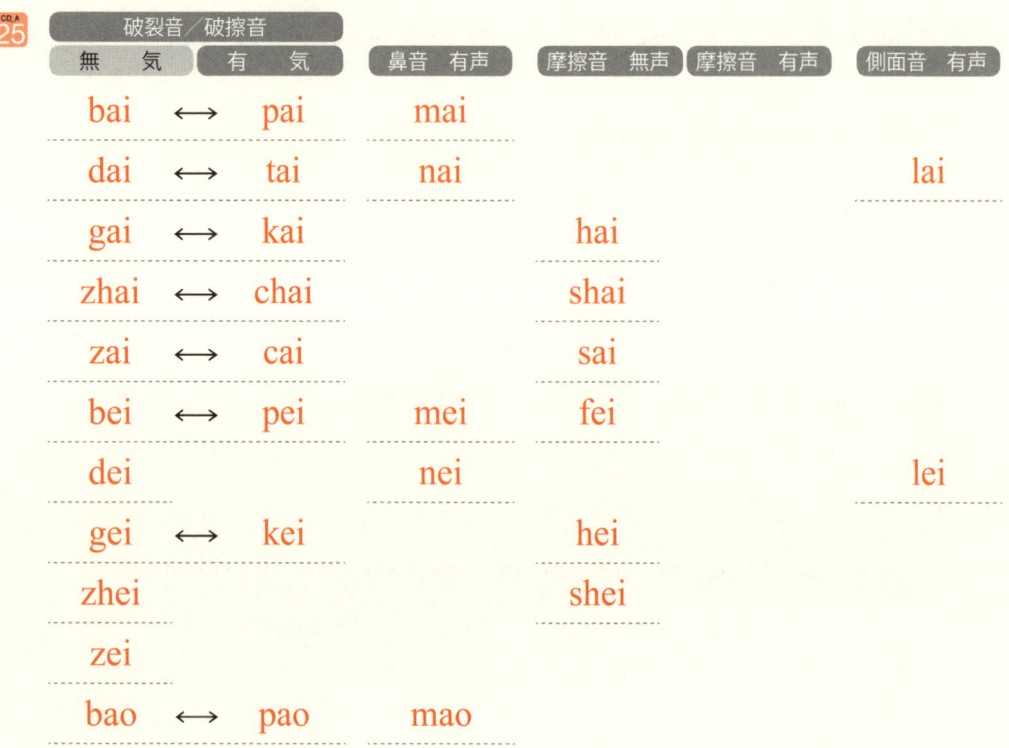

発音編

	破裂音／破擦音		鼻音 有声	摩擦音 無声	摩擦音 有声	側面音 有声
	無 気	有 気				
	dao	⟷ tao	nao			lao
	gao	⟷ kao		hao		
	zhao	⟷ chao		shao	⟷ rao	
	zao	⟷ cao		sao		
		pou	mou	fou		
	dou	⟷ tou	nou			lou
	gou	⟷ kou		hou		
	zhou	⟷ chou		shou	⟷ rou	
	zou	⟷ cou		sou		

▶声調記号の付け方

① a の上に：hǎo

② e・o の上に：gěi　duō

③ i は上の点を取って：zhī

④ iu・ui は後ろの母音の上に：jiǔ　guì

☑【練　習】 CD_A 26

(1) 音声を聞いて声調記号をつけなさい。

① **ai**　　（矮）　　② **ao**　　（熬）　　③ **ou**　　（藕）

④ **ei**　　（诶）　　⑤ **bei'ai**　（悲哀）　⑥ **ou'er**　（偶尔）

⑦ **aoqi**　（傲气）　⑧ **regou**　（热狗）　⑨ **shouji**（手机）

⑩ **meimei**（妹妹）　⑪ **chaoshi**（超市）　⑫ **aihao**（爱好）

(2) 音声を聞いて韻母と声調記号を書き取りなさい。

① b＿＿z＿＿（杯子）　② l＿＿q＿＿（来去）　③ zh＿＿m＿＿（周末）

④ ch＿＿d＿＿（迟到）　⑤ n＿＿h＿＿（你好）　⑥ z＿＿l＿＿（走路）

⑦ sh＿＿d＿＿（首都）　⑧ k＿＿sh＿＿（开始）　⑨ z＿＿g＿＿（足够）

⑩ k＿＿f＿＿（咖啡）　⑪ g＿＿k＿＿（高考）　⑫ h＿＿b＿＿（黑白）

15

(3) 音声のあとに続けて、発音しなさい。

  Ōuzhōu（欧洲） Àozhōu（澳洲） Měizhōu（美洲）

  Nǎinai ài chī mápódòufu.（奶奶爱吃麻婆豆腐。）

2-1. ゼロ韻頭の鼻韻母（韻尾 –n, -ng）

an [an] en [ən] ang [ɑŋ] eng [əŋ] ong [uŋ]

-n ：舌面前部をうわ顎前部に押し付けて塞ぎ止め、息を鼻腔から出す。
-ng：舌根をうわ顎の奥にあてて塞ぎ止め、口を開けたまま息を鼻腔から出す。音が口腔・鼻腔内で響くように。

【練習】

(1) 音声の後に続けて発音しなさい。

ān	án	ǎn	àn	ǎn	（俺）
ēn	én	ěn	èn	èn	（摁）
āng	áng	ǎng	àng	áng	（昂）
ēng	éng	ěng	èng	ēng	（鞥）
ōng	óng	ǒng	òng		

2-2. 声母＋鼻韻母（韻尾 –n, -ng）

発音編

| 破裂音／破擦音 | | 鼻音 有声 | 摩擦音 無声 | 摩擦音 有声 | 側面音 有声 |
無気	有気				
zhen	⟷ chen		shen	⟷ ren	
zen	⟷ cen		sen		
bang	⟷ pang	mang	fang		
dang	⟷ tang	nang			lang
gang	⟷ kang		hang		
zhang	⟷ chang		shang	⟷ rang	
zang	⟷ cang		sang		
beng	⟷ peng	meng	feng		
deng	⟷ teng	neng			leng
geng	⟷ keng		heng		
zheng	⟷ cheng		sheng	⟷ reng	
zeng	⟷ ceng		seng		
dong	⟷ tong	nong			long
gong	⟷ kong		hong		
zhong	⟷ chong			rong	
zong	⟷ cong		song		

【練 習】

(1) 音声を聞いて声調記号をつけなさい。

① **gong'an** （公安）　② **enren** （恩人）　③ **anban** （案板）

④ **angzang** （肮脏）　⑤ **dandang** （担当）　⑥ **Changcheng**（长城）

⑦ **tongmeng**（同盟）　⑧ **dongfang**（东方）　⑨ **chenshan** （衬衫）

⑩ **gao'ang** （高昂）　⑪ **Sanchong**（三重）　⑫ **Gangshan** （冈山）

17

(2) 音声を聞いて韻母と声調記号を書き取りなさい。

① f____s____（分散）　② f____m____（房门）　③ d____ch____（登场）

④ h____t____（红糖）　⑤ ch____zh____（成长）　⑥ n____g____（能干）

⑦ sh____h____（深海）　⑧ sh____b____（上班）　⑨ r____r____（容忍）

⑩ h____l____（寒冷）　⑪ G____g____（故宫）　⑫ Ch____sh____（冲绳）

(3) 音声のあとに続けて発音しなさい。

Hànyǔ（汉语）　　**Hányǔ**（韩语）　　**zhōngcān**（中餐）

xīhóngshì chǎo jīdàn（西红柿炒鸡蛋）　**fán róng chāng shèng**（繁荣昌盛）

zhāo sān mù sì（朝三暮四）　**bān mén nòng fǔ**（班门弄斧）

3-1. i 韻頭の複韻母

▶（　）内はゼロ声母のつづり方。

ia(ya) [iA]　**ie(ye)** [iɛ]　　　　　：二重母音
　　　韻頭のiを短かく、韻腹のaやeをはっきりと。

iao(yao) [iɑu]　**iou(you)(-iu)** [iou]　：三重母音
　iao：韻頭iと韻尾oは短く、真ん中の韻腹aをはっきりと。
　iou：ゼロ声母　韻頭iと韻尾uは短めに、韻腹oは第一声・第二声では弱く、
　　　第三声・第四声でははっきりと。
　　　yōu　yóu　yǒu　yòu
　　　声母＋iou　表記上oが消え -iu とつづる。
　　　jiū　jiú　jiǔ　jiù

【練 習】

(1) 音声のあとに続けて発音しなさい。

　　yā　　yá　　yǎ　　yà　　yá（牙）
　　yē　　yé　　yě　　yè　　yè（夜）
　　yāo　yáo　yǎo　yào　yāo（腰）
　　yōu　yóu　yǒu　yòu　yǒu（有）

3-2. 声母＋i 韻頭の複韻母

CD_A 33

破裂音／破擦音 無気		破裂音／破擦音 有気	鼻音 有声	摩擦音 無声	側面音 有声
dia					lia
jia	⟷	qia		xia	
bie	⟷	pie	mie		
die	⟷	tie	nie		lie
jie	⟷	qie		xie	
biao	⟷	piao	miao		
diao	⟷	tiao	niao		liao
jiao	⟷	qiao		xiao	
			miu		
diu			niu		liu
jiu	⟷	qiu		xiu	

【練　習】 CD_A 34

(1) 音声を聞いて声調記号をつけなさい。

① **youya** （优雅）　② **yewu** （业务）　③ **heiye** （黑夜）

④ **wuya** （乌鸦）　⑤ **zhongyao**（重要）　⑥ **jiayou** （加油）

⑦ **pengyou**（朋友）　⑧ **jiao'ao** （骄傲）　⑨ **xiaomie** （消灭）

⑩ **niunai** （牛奶）　⑪ **liushu** （柳树）　⑫ **jiuhuche**（救护车）

(2) 音声を聞いて韻母と声調記号を書き取りなさい。

① **q_____q_____** （恰巧）　② **x_____x_____** （休息）　③ **d_____t_____** （地铁）

④ **j_____z_____** （饺子）　⑤ **p_____j_____** （啤酒）　⑥ **j_____j_____** （姐姐）

⑦ **sh_____j_____** （暑假）　⑧ **sh_____b_____** （手表）　⑨ **L_____q_____** （琉球）

⑩ **X_____m_____** （厦门）　⑪ **N_____q_____** （鸟取）　⑫ **J_____zh_____**（九州）

(3) 音声のあとに続けて発音しなさい。

xièxie（谢谢）　　　　**bié kèqi**（别客气）

jiǔ bié chóng féng（久别重逢）　**yè gōng hào lóng**（叶公好龙）

4-1. i 韻頭の鼻韻母

▶ （　）内はゼロ声母のつづり方。

ian(yan) [iɛn]　**in(yin)** [in]　**iang(yang)** [iɑŋ]　**ing(ying)** [iŋ]　**iong(yong)** [yŋ]
ian は「イエン」、iang は「イアン」に近い。

【練　習】

(1) 音声のあとに続けて発音しなさい。

yān	yán	yǎn	yàn	yǎn（眼）
yīn	yín	yǐn	yìn	yín（银）
yāng	yáng	yǎng	yàng	yāng（央）
yīng	yíng	yǐng	yìng	yīng（英）
yōng	yóng	yǒng	yòng	yòng（用）

4-2. 声母＋i 韻頭の鼻韻母

破裂音／破擦音		鼻音 有声	摩擦音 無声	側面音 有声
無　気	有　気			
bian ↔ pian		mian		
dian ↔ tian		nian		lian
jian ↔ qian			xian	
bin ↔ pin		min		
		nin		lin
jin ↔ qin			xin	
		niang		liang
jiang ↔ qiang			xiang	
bing ↔ ping		ming		

発音編

	破裂音／破擦音		鼻音 有声	摩擦音 無声	側面音 有声
	無気	有気			
	ding	⟷ ting	ning		ling
	jing	⟷ qing		xing	
	jiong	⟷ qiong		xiong	

【練習】

(1) 音声を聞いて声調記号をつけなさい。

① Yan'an （延安）　② fayin （发音）　③ mianyang （绵羊）

④ yingtao （樱桃）　⑤ dianying （电影）　⑥ youyong （游泳）

⑦ yanjing （眼镜）　⑧ yinyong （引用）　⑨ yangyan （扬言）

⑩ zhongyang （中央）　⑪ Yingyu （英语）　⑫ jintian （今天）

(2) 音声を聞いて韻母と声調記号を書き取りなさい。

① m____ b____ （面包）　② m____ p____ （名片）　③ d____ x____ （点心）

④ m____ x____ （明星）　⑤ p____ l____ （漂亮）　⑥ x____ j____ （先进）

⑦ x____ n____ （想念）　⑧ x____ m____ （熊猫）　⑨ l____ q____ （零钱）

⑩ p____ q____ （贫穷）　⑪ X____ j____ （新疆）　⑫ Ch____ j____ （长江）

(3) 音声のあとに続けて発音しなさい。

　　hǎo jiǔ bú jiàn （好久不见）　　zàijiàn （再见）

　　sì miàn chǔ gē （四面楚歌）　　yīng gē yàn wǔ （莺歌燕舞）

21

第四課
発音編

学習ポイント
1. u 韻頭の複韻母
2. u 韻頭の鼻韻母
3. ü 韻頭の複韻母

1-1. u 韻頭の複韻母

▶ ( ) 内はゼロ声母のつづり方。

ua(wa) [uA]　uo(wo) [uo]　　：二重母音
　　　韻頭 u を短かく、韻腹 a や o をはっきり。

uai(wai) [uai]　uei(wei)(-ui) [uəi]　：三重母音
　uai：真ん中の韻腹 a をはっきり。
　uei：ゼロ声母　韻頭 u と韻尾 i は短めに、韻腹 e は第一声・第二声では弱く、第三声・第四声でははっきりと。
　　　wēi　wéi　wěi　wèi
　　　声母 + uei　表記上 e が消え、-ui とつづる。
　　　duī　duí　duǐ　duì

【練習】

(1) 音声のあとに続けて発音しなさい。

wā	wá	wǎ	wà	wā（蛙）
wō	wó	wǒ	wò	wǒ（我）
wāi	wái	wǎi	wài	wài（外）
wēi	wéi	wěi	wèi	wéi（唯）

1-2. 声母＋u 韻頭の複韻母

| 破裂音／破擦音 | | 鼻音 有声 | 摩擦音 無声 | 摩擦音 有声 | 側面音 有声 |
無気	有気				
gua	↔ kua		hua		
zhua	↔ chua		shua	↔ rua	
duo	↔ tuo	nuo			luo
guo	↔ kuo		huo		
zhuo	↔ chuo		shuo	↔ ruo	

発音編

| 破裂音／破擦音 | | | 鼻音 有声 | 摩擦音 無声 | 摩擦音 有声 | 側面音 有声 |
無 気		有 気				
zuo	↔	cuo		suo		
guai	↔	kuai		huai		
zhuai	↔	chuai		shuai		
dui	↔	tui				
gui	↔	kui		hui		
zhui	↔	chui		shui ↔ rui		
zui	↔	cui		sui		

【練 習】 CD A 42

(1) 音声を聞いて声調記号をつけなさい。

① **women** （我们）　② **wazi** （袜子）　③ **weixiao** （微笑）

④ **waihui** （外汇）　⑤ **zhangwo**（掌握）　⑥ **woniu** （蜗牛）

⑦ **tuituo** （推托）　⑧ **liushui** （流水）　⑨ **qiguai** （奇怪）

⑩ **zuoyou** （左右）　⑪ **huainian** （怀念）　⑫ **yangwawa**（洋娃娃）

(2) 音声を聞いて韻母と声調記号を書き取りなさい。

① **x____h____**（鲜花）　② **d____sh____**（多少）　③ **g____f____**（刮风）

④ **h____ch____**（火车）　⑤ **l____k____**（凉快）　⑥ **h____j____**（回家）

⑦ **sh____j____**（睡觉）　⑧ **zh____z____**（桌子）　⑨ **sh____x____**（率先）

⑩ **b____c____**（不错）　⑪ **h____q____**（华侨）　⑫ **sh____h____**（说话）

(3) 音声のあとに続けて発音しなさい。

　　　　Nín guìxìng?（您贵姓?）　　**Nǐ duō dà?**（你多大?）

　　　　duìbuqǐ（对不起）　　　　 **huí tóu jiàn**（回头见）

　　　　jǐng dǐ zhī wā（井底之蛙）　**wò xīn cháng dǎn**（卧薪尝胆）

　　　　chéng rén zhī wēi（乘人之危）

2-1. u 韻頭の鼻韻母（韻尾 -n, ng）

▶（　）内はゼロ声母のつづり方。

43 uan(wan)［uan］　uen(wen)(-un)［uən］　uang(wang)［uɑŋ］　ueng(weng)［uəŋ］
wen は「ウェン」、weng は「ウォン」に近い。

　　uen：ゼロ声母　wēn　wén　wěn　wèn
　　　　　声母＋uen　表記上 e が消え、-un とつづる。
　　　　　hūn　hún　hǔn　hùn

✓【練　習】**44**

（1）音声のあとに続けて発音しなさい。

wān	wán	wǎn	wàn	wǎn	（晩）
wēn	wén	wěn	wèn	wén	（文）
wāng	wáng	wǎng	wàng	wàng	（忘）
wēng	wéng	wěng	wèng	wēng	（翁）

2-2. 声母＋u 韻頭の鼻韻母（韻尾-n, ng）

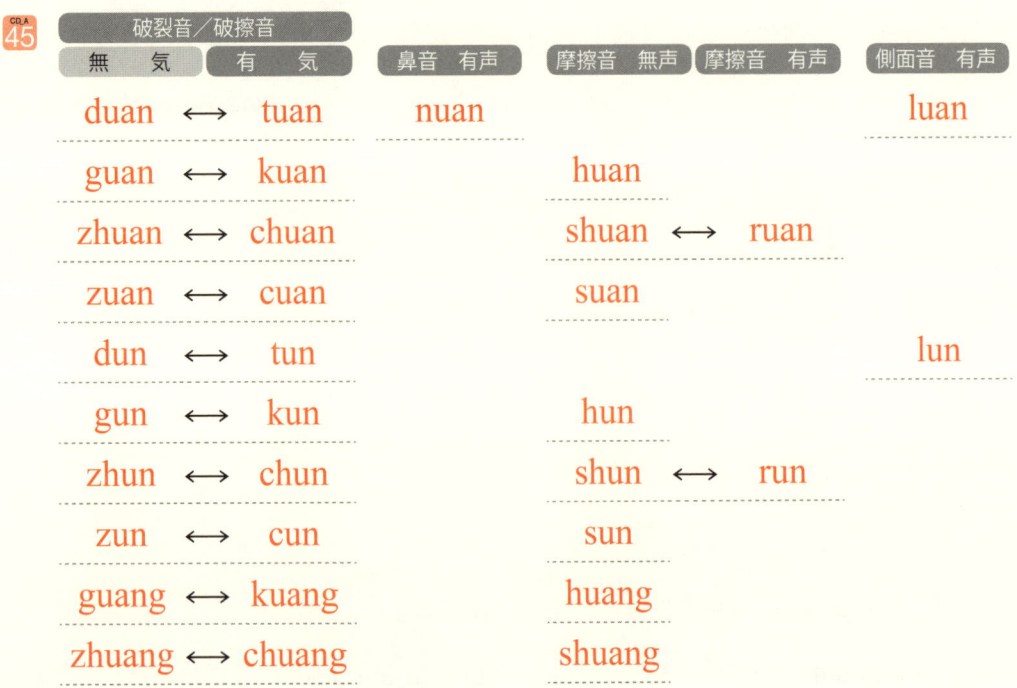

発音編

【練習】

(1) 音声を聞いて声調記号をつけなさい。

① wancheng（完成）　② yiwen　（疑問）　③ wangji　（忘记）

④ yuweng　（渔翁）　⑤ wanxiao（玩笑）　⑥ wennuan（温暖）

⑦ xiwang　（希望）　⑧ wanfan　（晚饭）　⑨ wenhua　（文化）

⑩ wangyou（网友）　⑪ shunxu　（顺序）　⑫ Huanghe（黄河）

(2) 音声を聞いて韻母と声調記号を書き取りなさい。

① h＿＿t＿＿　（馄饨）　② l＿＿ch＿＿　（轮船）　③ k＿＿s＿＿　（宽松）

④ ch＿＿t＿＿　（春天）　⑤ zh＿＿b＿＿　（准备）　⑥ s＿＿sh＿＿　（算术）

⑦ z＿＿j＿＿　（尊敬）　⑧ g＿＿g＿＿　（观光）　⑨ x＿＿h＿＿　（喜欢）

⑩ h＿＿zh＿＿　（慌张）　⑪ x＿＿g＿＿　（习惯）　⑫ Sh＿＿ch＿＿　（石川）

(3) 音声のあとに続けて発音しなさい。

　　　qǐngwèn（请问）　　　méi guānxi（没关系）

　　　qiān chā wàn bié（千差万别）　wàng' ēn fù yì（忘恩负义）

　　　Chū cì jiàn miàn, qǐng duō guānzhào.（初次见面，请多关照。）

3-1. ü 韻頭の複韻母

▶（　）内はゼロ声母のつづり方。

üe(yue)［yɛ］　üan(yuan)［yɛn］　ün(yun)［yn］　：二重母音
üe は、韻頭 ü を短く、韻腹 e をはっきりと。
唇をすぼめた「ュエ」に近い音。

【練習】

(1) 音声のあとに続けて発音しなさい。

　　　yuē　　yué　　yuě　　yuè　　yuè（月）
　　　yuān　yuán　yuǎn　yuàn　yuǎn（远）
　　　yūn　　yún　　yǔn　　yùn　　yún（云）

3-2. 声母＋ü韻頭の複韻母

	破裂音／破擦音		鼻音 有声	摩擦音 無声	側面音 有声
	無気	有気	nüe	xue	lüe
	jue ↔ que			xue	
	juan ↔ quan			xuan	
	jun ↔ qun			xun	

✓【練習】

(1) 音声を聞いて声調記号をつけなさい。

① **yueliang**（月亮） ② **yuanyi**（愿意） ③ **yongyuan**（永远）

④ **yundong**（运动） ⑤ **yue'er**（悦耳） ⑥ **ouyuan**（欧元）

⑦ **baiyun**（白云） ⑧ **yuanyuan**（渊源） ⑨ **yunlü**（韵律）

⑩ **nüedai**（虐待） ⑪ **Aiyuan**（爱媛） ⑫ **Yuenan**（越南）

(2) 音声を聞いて韻母と声調記号を書き取りなさい。

① h____x____（滑雪） ② q____d____（缺点） ③ j____m____（俊美）

④ h____j____（花卷） ⑤ j____d____（决定） ⑥ x____x____（学校）

⑦ q____z____（裙子） ⑧ x____zh____（寻找） ⑨ x____j____（选举）

⑩ q____j____（劝解） ⑪ sh____l____（省略） ⑫ Q____m____（群马）

(3) 音声のあとに続けて発音しなさい。

Ràng wǒmen yìqǐ hǎohāor xué Hànyǔ ba.

（让我们一起好好儿学汉语吧。）

発音編

【発音の復習】 CD_A 51

(1) 音声を聞いて声母を書き取りなさい。

① __áo __ǐng （薄饼） ←→ __ào __īng （炮兵）

② __ǒu __ǐ （口齿） ←→ __òu __ì （购置）

③ __ū __ū （出租） ←→ __ù __ù （住宿）

④ __īn __iè （亲切） ←→ __ǐn __iē （紧接）

⑤ __òu __ī （豆汁） ←→ __óu __ī （投机）

⑥ __ē __iǔ （喝酒） ←→ __ǔ __iū （虎丘）

⑦ __áng __í （长笛） ←→ __iáng __í （强敌）

⑧ __ū __án （忽然） ←→ __ǔ __àn （腐烂）

⑨ __āng __iang （商量） ←→ __iǎng __iàng （响亮）

⑩ __àng __ù （帐户） ←→ __iāng __é （江河）

(2) 音声を聞いて韻母と声調記号を書き取りなさい。

① H____n____ （湖南） ←→ h____n____ （和暖）

② ch____d____ （床单） ←→ ch____f____ （船帆）

③ sh____q____ （生气） ←→ sh____q____ （上去）

④ x____sh____ （雪山） ←→ x____sh____ （协商）

⑤ m____l____ （卖力） ←→ m____r____ （每日）

⑥ ____h____ （语汇） ←→ ____n____ （以内）

⑦ ____q____ （友情） ←→ ____q____ （邀请）

⑧ t____f____ （通风） ←→ d____f____ （东方）

⑨ ____l____ （网络） ←→ ____l____ （玩乐）

⑩ x____ ____ （学院） ←→ j____ ____ （节约）

27

第五課
発音編

学習ポイント
1. 不（bù）の変調　　2. 一（yī）の変調
3. 第三声の変調　　4. 儿化（捲舌音化）
5. 隔音記号　　6. 軽声
7. 音節の連読

1. 不(bù)の変調

不＋第四声：不は第二声に変化。

bù chī（不吃）　　bù lái（不来）　　bù hǎo（不好）
bú shì（不是）　　bú xiè（不谢）

2. 一(yī)の変調

序数は一 yī であるが、序数以外は次のように変調する。

一＋第四声　→　第二声に変化　　yí wàn（一万）　　yí ge (gè)（一个）

　　　　　　　　　第一声　　　　　　yì tiān（一天）
一＋第二声　→　一は第四声に変化　yì nián（一年）
　　　　　　　　　第三声　　　　　　yì bǎi（一百）

3. 第3声の変調

1) 第3声が連続する場合、前の第3声は第2声に変えて（声調符号は∨のまま）発音する。

shuǐguǒ（水果）　　yǒnggǎn（勇敢）　　nǐ hǎo（你好）

2) 半三声：第3声が第1声、第2声、第4声、軽声の前にある場合、上昇部分がなくなり、下がったままの音。第一課 3. 図を参照。

hǎochī（好吃）　　hǎorén（好人）　　hǎokàn（好看）　　nǎinai（奶奶）

4. 儿化（捲舌音化）

名詞・動詞・形容詞などの音節の後につき、舌先を軽く巻き上げて発音する。
r の前の韻尾 n と i は脱落し、r の前の韻尾 ng は脱落して直前の母音が鼻音化する。

huā 花　→　huār 花儿　：huā を発音すると同時に舌を巻き上げる。
wán 玩　→　wánr 玩儿　：n 音を発音せず舌を巻き上げる。

huār（花儿）　　　　māor（猫儿）
guǒzhīr（果汁儿）　　xiǎoháir（小孩儿）
liáo tiānr（聊天儿）　hǎo wánr（好玩儿）
bīnggùnr（冰棍儿）　yǒu kòngr（有空儿）

5. 隔音記号

a, o, e で始まる音節が他の音節の後ろに続くとき、音節の切れ目の紛らわしさを避けるため、隔音記号「'」を用いて区切る。

fāngài（翻盖）→ fáng'ài （妨碍）
jiāng （江）→ jī'áng （激昂）
jīn'é （金额）　pǔ'ěrchá （普洱茶）　liàn'ài （恋爱）　jiān'áo （煎熬）
wán'ǒu （玩偶）　píng'ān （平安）　gǎn'ēn （感恩）

6. 軽声

māma	（妈妈）	xiūxi	（休息）	zhīshi	（知识）	zhuōzi	（桌子）
yéye	（爷爷）	zánmen	（咱们）	késou	（咳嗽）	háizi	（孩子）
nǎinai	（奶奶）	yǎnjing	（眼睛）	lǎoshi	（老实）	yǐzi	（椅子）
bàba	（爸爸）	xièxie	（谢谢）	rènao	（热闹）	wèidao	（味道）

7. 音節の連読

7-1 双音節

Dōngjīng	（东京）	Qīngsēn	（青森）	Tiānjīn	（天津）	Sūzhōu	（苏州）
Zhōngguó	（中国）	Chōngshéng	（冲绳）	Kūnmíng	（昆明）	Dūnhuáng	（敦煌）
Qīngdǎo	（青岛）	Shānkǒu	（山口）	Xiānggǎng	（香港）	Zhūhǎi	（珠海）
Qiānyè	（千叶）	Zīhè	（滋贺）	Xīzàng	（西藏）	Gānsù	（甘肃）

Fúgāng	（福冈）	Shíchuān	（石川）	Táiwān	（台湾）	Nánjīng	（南京）
Chángqí	（长崎）	Cíchéng	（茨城）	Yúnnán	（云南）	Jílín	（吉林）
Yánshǒu	（岩手）	Xióngběn	（熊本）	Húběi	（湖北）	Héběi	（河北）
Shénhù	（神户）	Qíyù	（埼玉）	Níngxià	（宁夏）	Chóngqìng	（重庆）

Běijīng	（北京）	Dǎogēn	（岛根）	Guǎngdōng	（广东）	Shǎnxī	（陕西）
Pǔhé	（浦和）	Bǎnqiáo	（板桥）	Jiǔquán	（酒泉）	Shěnyáng	（沈阳）
Guǎngdǎo	（广岛）	Niǎoqǔ	（鸟取）	Hǎikǒu	（海口）	Ěrhǎi	（洱海）
Zuǒhè	（佐贺）	Gěshì	（葛饰）	Wǔhàn	（武汉）	Bǎodìng	（保定）

Fùshān	（富山）	Jìnggāng	（静冈）	Guìzhōu	（贵州）	Sìchuān	（四川）
Àiyuán	（爱媛）	Nàiliáng	（奈良）	Guìlín	（桂林）	Àomén	（澳门）
Rìběn	（日本）	Dàbǎn	（大阪）	Shànghǎi	（上海）	Dàlǐ	（大理）
Lìmù	（栃木）	Nàbà	（那霸）	Zìgòng	（自贡）	Wànxiàn	（万县）

7-2 三音節 [CD_A 58]

wūlóngchá	(乌龙茶)	xiǎolóngbāo	(小笼包)	huíguōròu	(回锅肉)
dōngpōròu	(东坡肉)	suānlàtāng	(酸辣汤)	zhēnzhūnǎi	(珍珠奶)
zhāngyúshāo	(章鱼烧)	shēngyúpiàn	(生鱼片)	tiānfùluó	(天妇罗)
màidāngláo	(麦当劳)	bǐsàbǐng	(比萨饼)	kěndéjī	(肯德基)

7-3 四音節 [CD_A 59]

qīngjiāoròusī	(青椒肉丝)	gānshāoxiārén	(干烧虾仁)	mápóqiézi	(麻婆茄子)
tángcùlǐjī	(糖醋里脊)	gōngbǎojīdīng	(宫保鸡丁)	xìngréndòufu	(杏仁豆腐)
yúxiāngròusī	(鱼香肉丝)	yìdàlìmiàn	(意大利面)	kěkǒukělè	(可口可乐)

7-4 声調の区別 [CD_A 60]

① liànxí (练习) ⟷ liánxì (联系)
② yǎnjing (眼睛) ⟷ yǎnjìng (眼镜)
③ shuìjiào (睡觉) ⟷ shuǐjiǎo (水饺)
④ shēntǐ (身体) ⟷ shěntí (审题)
⑤ lǎoshī (老师) ⟷ láoshí (牢实)
⑥ qǐngwèn (请问) ⟷ qīngwěn (轻吻)
⑦ huáxuě (滑雪) ⟷ huàxué (化学)
⑧ jiànmiàn (见面) ⟷ jiǎnmiǎn (减免)
⑨ tōngzhī (通知) ⟷ tóngzhì (同志)
⑩ shíjiān (时间) ⟷ shìjiàn (事件)
⑪ zhǔfù (主妇) ⟷ zhùfú (祝福)
⑫ tóngyì (同意) ⟷ tǒngyī (统一)

7-5 紛らわしい音節 [CD_A 61]

① rìzi (日子) ⟷ lìzi (栗子)
② zhèngshì (正式) ⟷ zhòngshì (重视)
③ yànzi (燕子) ⟷ yàngzi (样子)
④ jīnyá (金牙) ⟷ jǐnyào (紧要)
⑤ yóuyù (犹豫) ⟷ yàoyù (药浴)
⑥ chūcì (初次) ⟷ chīcù (吃醋)
⑦ cānjiā (参加) ⟷ kānjiā (看家)
⑧ chǎonào (吵闹) ⟷ qiǎomiào (巧妙)
⑨ shàngshēn (上身) ⟷ xiàngsheng (相声)
⑩ xiězì (写字) ⟷ xuēzi (靴子)
⑪ yùqì (玉器) ⟷ yìqù (意趣)
⑫ chāhuā (插花) ⟷ chūfā (出发)

● 次の漢詩を朗読してみましょう。 🎵62

Chūn xiǎo　　　　　　　　　春　晓

Mèng Hàorán　　　　　　　　孟　浩然

Chūn mián bù jué xiǎo,　　　春　眠　不　觉　晓，

Chù chù wén tí niǎo.　　　　处　处　闻　啼　鸟。

Yè lái fēng yǔ shēng,　　　　夜　来　风　雨　声，

Huā luò zhī duō shǎo.　　　　花　落　知　多　少。

[日本語訳]
　　　　　　春の夜明け
　　　　　　　　　　　　孟　浩然

うっかり寝過ぎた春の朝、
あちらこちらから聞こえる小鳥の声で目が覚めた。
夜中に聞いたあのあらし、
花はどんなに散ったやら。

● 家族の名称

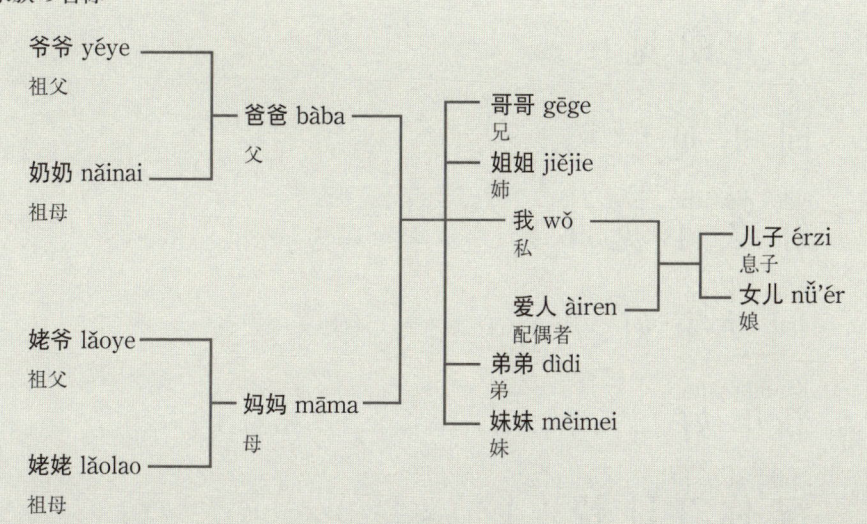

```
爷爷 yéye ─┐
祖父      │
          ├─ 爸爸 bàba ─┐    ┌ 哥哥 gēge
奶奶 nǎinai ─┘   父      │    │  兄
祖母                      │    ├ 姐姐 jiějie
                          │    │  姉
                          ├────┼ 我 wǒ ─────┐   ┌ 儿子 érzi
                          │    │  私        │   │  息子
                          │    │            ├───┤
                          │    ├ 爱人 àiren │   └ 女儿 nǚ'ér
                          │    │  配偶者    │      娘
姥爷 lǎoye ─┐             │    ├ 弟弟 dìdi
祖父        │             │    │  弟
            ├─ 妈妈 māma ─┘    └ 妹妹 mèimei
姥姥 lǎolao ─┘   母                妹
祖母
```

31

簡単な挨拶語

Nín hǎo!
您好! こんにちは!

Nǐ hǎo!
你好! こんにちは!

Zǎoshang hǎo!
早上好! おはようございます!

Wǎn'ān!
晚安! おやすみなさい!

Huānyíng huānyíng!
欢迎欢迎! ようこそ!

Dǎjiǎo dǎjiǎo!
打搅打搅! おじゃまします!

Xièxie! Bú kèqi. Bú xiè.
谢谢! → 不客气。/ 不谢。ありがとう! → どういたしまして。

Duìbuqǐ. Méi guānxi.
对不起。→ 没关系。すみません。→ かまいません。

Máfan nǐ le. Méi guānxi. Nǎli.
麻烦你了。→ 没关系。/ 哪里。
ご迷惑をおかけしました。→いえいえ。

Zàijiàn!
再见! さようなら!

Xià xīngqī jiàn!
下星期见! 来週また!

Huí tóu jiàn!
回头见! 後ほどまた!

Hǎo jiǔ bú jiàn le!
好久不见了! お久しぶりです!

Wèn dàjiā hǎo.
问大家好。皆さんによろしくお伝えください。

Xīnnián hǎo!
新年好! 明けましておめでとうございます!

Zhù nǐ shēngri kuàilè!
祝你生日快乐! お誕生日おめでとうございます!

教室用語

1) Tóngxuémen hǎo!
   同学们 好! みなさんこんにちは!

2) Lǎoshī hǎo!
   老师 好! 先生こんにちは!

3) Shǒuxiān, wǒmen diǎn míng.
   首先,我们 点 名。 先ず、(私たちは)出席をとります。

   Lín Huì tóngxué! Dào!
   林 惠 同学! 一到! 林恵さん!—はい!

4) Zánmen kāishǐ shàng kè ba.
   咱们 开始 上 课 吧。 私たちは、授業を始めましょう。

5) Jīntiān wǒmen xuéxí dì sān kè.
   今天 我们 学习 第三课。 今日(私たち)は第三課を学びます。

6) Qǐng dǎkāi shū, fāndào dì shíwǔ yè.
   请 打开 书,翻到 第 十五 页。
   テキストの15ページを開いてください。

7) Dàjiā yùxí le ma?
   大家 预习 了 吗? みなさん、予習をしましたか?

   yùxí le. / Méi yùxí.
   ——预习 了。/ ——没 预习。
   ——予習をしました。/予習していません。

8) Nàme, wǒmen xiān zuò tīngxiě liànxí.
   那么,我们 先 做 听写 练习。
   それでは、まず書き取り練習をします。

9) Qǐng tīng lùyīn.
   请 听 录音。 どうぞ録音を聴いてください。

10) Qǐng gēn wǒ niàn shēngcí / kèwén.
    请 跟 我 念 生词/课文。
    私のあとについて新出単語/本文を読んでください。

11) Qǐng búyào hài sào.
    请 不要 害臊。 はずかしがらないでください。

12) Qǐng dàshēng diǎnr shuō.
    请 大声 点儿 说。 もう少し大きな声で言ってください。

教室用語

13) Qǐng zài shuō yí biàn.
    请 再 说 一 遍。もう一度言ってください。

14) Xiànzài xiūxi yíxià.
    现在 休息 一下。ちょっと休憩します。

15) Xiànzài wǒmen kāishǐ liànxí duìhuà.
    现在 我们 开始 练习 对话。
    今から、（私たちは）会話練習をはじめます。

16) Dàjiā dōu tīngdǒng le ma?
    大家 都 听懂 了 吗？
    みなさん、ぜんぶ聴いて分かりましたか？

    Tīngdǒng le. Méi tīngdǒng.
    ——听懂 了。／没 听懂。
    ——聴いてわかりました。／聴いてわかりませんでした。

17) Xiàmiàn, wǒ wèn wèntí, qǐng yòng Hànyǔ huídá.
    下面, 我 问 问题, 请 用 汉语 回答。
    つぎに、私が質問しますので、中国語で答えてください。

18) Duì le. Huídáde hěn hǎo.
    对 了。回答得 很 好。
    正しいです。とても上手に答えられました。

19) Qǐngwèn, zhè shì shénme yìsi?
    请问, 这 是 什么 意思？
    すみません、これはどんな意味ですか？

20) Qǐngwèn, "美味しい" Hànyǔ zěnme shuō?
    请问, "美味しい" 汉语 怎么 说？
    お尋ねします、"美味しい"は中国語でどう言いますか。

21) Qǐng zài fānyì yí biàn.
    请 再 翻译 一 遍。もう一度訳してください。

22) Dàjiā yǒu wèntí ma? Yǒu. Méiyǒu.
    大家 有 问题 吗？ —— 有。／没有。
    皆さん質問はありますか？——あります。／ありません。

教室用語

23) Yǒu bù dǒng de dìfang, qǐng tí wèn.
有 不 懂 的 地方，请 提问。
分からないところがあるなら、質問してください。

24) Jīntiān de zuòyè shì
今天 的 作业 是… 　今日の宿題は……です。

25) Xià xīngqī zuò xiǎo cèyàn. Qǐng hǎohāor fùxí.
下 星期 作 小 测验。请 好好儿 复习。
来週小テストをやります。ちゃんと復習してください。

26) Jīntiān de kè, jiù shàngdào zhèr.
今天 的 课，就 上 到 这儿。
今日の授業はここまでです。

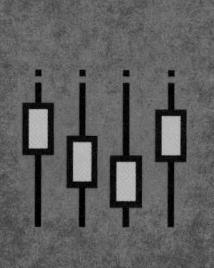

基礎からきちんと中国語
本文編

第一课 您贵姓？
Dì yī kè　　Nín guì xìng ?

学習ポイント ▶ 1. 人称代詞　2. 動詞"是"　3. 疑問詞"什么"　4. 副詞"也"

新出単語　B-01

1.	请问 qǐngwèn	[動]お尋ねします
2.	您 nín	[人代]"你"の敬称
3.	是 shì	[動]…である
4.	中国 Zhōngguó	[名]中国
5.	老师 lǎoshī	[名]先生
	中国老师 Zhōngguó lǎoshī	中国人の先生
6.	吗 ma	[語助]疑問の語気を表す．…か
7.	啊 a	[語助]肯定の語気を表す．…よ
8.	你 nǐ	[人代]あなた
9.	学生 xuésheng	[名]学生
10.	我 wǒ	[人代]わたし
11.	贵姓 guìxìng	苗字はなんとおっしゃいますか
12.	姓 xìng	[動]…という苗字です
13.	叫 jiào	[動]…と言う
14.	什么 shénme	[疑代]なに．どんな
15.	名字 míngzi	[名]名前
16.	请 qǐng	[動]どうぞ
17.	多 duō	[副]多く
18.	关照 guānzhào	[動]世話をする
	请多关照 qǐng duō guānzhào	どうぞ宜しくお願いします
19.	也 yě	[副]…も
20.	人 rén	[名]人
	中国人 Zhōngguórén	[名]中国人
21.	不 bù/bú	[副]否定を表す．…ない
22.	日本 Rìběn	[名]日本
	日本人 Rìběnrén	[名]日本人
23.	汪洋 Wāng Yáng	[人名]汪洋
24.	林惠 Lín Huì	[人名]林惠

本 文　B-02

教室の入り口で、日本人の学生林惠（めぐみ）さんと汪先生の会話です。

林惠：请问，您 是 中国 老师 吗?
Lín Huì : Qǐngwèn, nín shì Zhōngguó lǎoshī ma ?

汪老师：是 啊。你 是 学生 吗?
Wāng lǎoshī : Shì a. Nǐ shì xuésheng ma ?

林惠：是，我 是 学生。 老师，您 贵姓?
Shì, wǒ shì xuésheng. Lǎoshī, nín guìxìng ?

汪老师：我 姓 汪，叫 汪 洋。 你 叫 什么 名字?
Wǒ xìng Wāng, jiào Wāng Yáng. Nǐ jiào shénme míngzi ?

林惠：我 姓 林，叫 林 惠。 请 多 关照。
Wǒ xìng Lín, jiào Lín Huì. Qǐng duō guānzhào.

汪老师：林 惠? 你 也 是 中国人 吗?
Lín Huì ? Nǐ yě shì Zhōngguórén ma ?

林惠：不，我 不 是 中国人。 我 是 日本人。
Bù, wǒ bú shì Zhōngguórén. Wǒ shì Rìběnrén.

文法の要点

1. 人称代詞

	一人称	二人称	三人称
単数	我 wǒ 私	你 nǐ　您 nín あなた	他 tā　　她 tā 彼　　　彼女
複数	我们 wǒmen, 咱们 zánmen 私たち，われわれ	你们 nǐmen あなたたち	他们 tāmen　她们 tāmen 彼ら　　　彼女たち

2. 動詞"是"：判断を表す。

[肯定] 主語＋是＋目的語：「…は…である」

 1）我是学生。   Wǒ shì xuésheng.
 2）她是老师。   Tā shì lǎoshī.

[否定] 主語＋不＋是＋目的語：「…は…ではない」

▶否定を表す副詞"不"を"是"の前に置く。

 3）我不是日本人。   Wǒ bú shì Rìběnrén.
 4）他不是中国人。   Tā bú shì Zhōngguórén.

[当否疑問] 肯定文＋吗？：「…は…ですか」

▶疑問の語気助詞"吗"を文末に置く。

 5）您是中国老师吗？ Nín shì Zhōngguó lǎoshī ma？
  —是，我是中国老师。 —Shì, wǒ shì Zhōngguó lǎoshī.
  —不是，我不是中国老师。—Bú shì, wǒ bú shì Zhōngguó lǎoshī.

[反復疑問] 主語＋是＋不＋是＋目的語？

▶述語部分は「肯定＋否定」の型をとる。文末に"吗"を置かない。

 6）她们是不是同学？ Tāmen shì bu shì tóngxué？
  —是，她们是同学。 —Shì, tāmen shì tóngxué.
  —不是，她们不是同学。 —Bú shì, tāmen bú shì tóngxué.

3. 疑問詞"什么"：「なに／どんな」

 1）你姓什么？   Nǐ xìng shénme？
  —我姓林。   —Wǒ xìng Lín.
 2）你叫什么名字？   Nǐ jiào shénme míngzi？
  —我姓林，叫林惠。 —Wǒ xìng Lín, jiào Lín Huì.
  （× 你姓什么吗？）

4. 副詞"也"：動詞・形容詞の前に置き同一性を表す。「…も」
   1) 你们也是中国人吗？　　　　Nǐmen yě shì Zhōngguórén ma?
   2) 他们是大学生，我们也是大学生。
      　　　　　　　　　　　　　Tāmen shì dàxuéshēng, wǒmen yě shì dàxuéshēng.
   3) 我也不是留学生。　　　　　Wǒ yě bú shì liúxuéshēng.

補充単語　B-03

1.	她 tā	[人代]彼女	9.	好 hǎo	[形]良い．健康だ
2.	他 tā	[人代]彼		您好 nín hǎo	こんにちは
3.	们 men	[接尾]（人を示す名詞の後につけて）複数を表す．…たち		你好 nǐ hǎo	こんにちは
	她们 tāmen	[人代]彼女たち	10.	初次 chūcì	初回
	他们 tāmen	[人代]彼ら	11.	见面 jiàn//miàn	会う
	我们 wǒmen	[人代]私たち		初次见面 chūcì jiàn miàn	初めまして
	你们 nǐmen	[人代]あなたたち	12.	王小梅 Wáng Xiǎoméi	[人名]王小梅
4.	同学 tóngxué	[名]学友．クラスメート	13.	张大明 Zhāng Dàmíng	[人名]張大明
5.	大学生 dàxuéshēng	[名]大学生	14.	李丽 Lǐ Lì	[人名]李麗
6.	留学生 liúxuéshēng	[名]留学生	15.	铃木贵子 Língmù Guìzǐ	[人名]鈴木貴子

〔練習問題補充単語〕

7.	韩国 Hánguó	[名]韓国	16.	阿部亮 Ābù Liàng	[人名]阿部亮
8.	美国 Měiguó	[名]アメリカ	17.	中田美奈 Zhōngtián Měinài	[人名]中田美奈

練習問題

1. 次の組み合わせ語句の空欄を埋めなさい。

	▼日本語	▼ピンイン	▼簡体字
①	お尋ねします		
②	名前		
③	なに		
④	苗字は何とおっしゃいますか		
⑤		jiào	
⑥		nǐ hǎo	
⑦		tóngxué	
⑧			我
⑨			学生
⑩			请多关照

2. 置き換え練習

① 你 姓 什么?
　——我 姓 林。

　　　　　　　　　　　　　　　　汪　　王　　张　　李
　　　　　　　　　　　　　　　　铃木　　阿部　　田中

② 你 叫 什么 名字?
　——我 叫 林惠。

　　　　　　　　　　　　　　　　汪洋　　李丽　　王小梅　　张大明
　　　　　　　　　　　　　　　　铃木贵子　　阿部亮　　中田美奈

③ 您 是 日本人 吗?
　——是, 我 是 日本人。

　　　　　　　　　　　　　　　　中国人　　韩国人
　　　　　　　　　　　　　　　　美国人　　老师

④ 你们 也 是 留学生 吗?
　——不 是, 我们 不 是 留学生, 我们 是 日本学生。

　　　　　　　　　　　　　　　　中国留学生　　韩国留学生

3. 日本語に合うように、[　　]の中の語句を並べ替えなさい。
　① [你　日本人　是　吗]
　　あなたは日本人ですか。

　② [他们　大学生　是　不]
　　彼らは大学生ではありません。

　③ [她　是　老师　不　也]
　　彼女も先生ではありません。

　④ [我　姓　叫　林　林惠]
　　私は林という苗字で、林恵と申します。

4. 中国語に訳しなさい。
　① あなたは学生ですか。

　② 彼らは留学生ですか。　――いいえ、彼らは留学生ではありません。

　③ 汪先生は中国人の先生です。

　④ 私も日本人ではありません。

　⑤ お尋ねします、あなたの苗字は何とおっしゃいますか。

5. 中国語の質問と応答　　B-04
　　（A）は本文の内容に即して答え、（B）は実情に合わせて答えなさい。
（A）　① 中国老师姓什么?

　　　② 汪老师叫什么名字?

　　　③ 林惠是中国人吗?

　　　④ 林惠也是老师吗?

（B）　⑤ 你姓什么？叫什么名字?

　　　⑥ 我是老师，你也是老师吗?

　　　⑦ 你是日本人吗?

　　　⑧ 她是留学生吗?

　　　⑨ 你们是同学吗?

6. 次の会話文を発音し、さらに日本語に訳しなさい。　　B-05
　　（自分の氏名のピンイン（声調を含むピンイン）を調べて発音すること）
（一）　A：您好!

　　　　B：您好!

　　　　A：请问，您贵姓?

　　　　B：我姓_____，叫_____。您叫什么名字?

　　　　A：我姓_____，叫_____。初次见面，请多关照。

B：我也请多关照。

（二）　A：你好！

B：你好！

A：请问，你是中国留学生吗?

B：是，我是中国留学生。你也是中国留学生吗?

A：不，我不是中国留学生，我是日本学生。

第二课 您最近身体好吗？
Dì èr kè　Nín zuìjìn shēntǐ hǎo ma?

学習ポイント▶ 1. 構造助詞"的"(1)　2. 形容詞述語文　3. 主述述語文　4. 疑問詞"怎么样"
　　　　　　　5. 語気助詞"吧"(1)

新出単語　B-06

1.	谁 shéi / shuí	[疑代]だれ		12.	好久不见了 hǎo jiǔ bú jiàn le	お久しぶりです
2.	呀 ya	[語助]疑問・肯定の語気を表す．…か．…よ		13.	最近 zuìjìn	[名]最近
3.	家 jiā	[名]家		14.	身体 shēntǐ	[名]身体
4.	这儿 zhèr	[指代]ここ		15.	很 hěn	[副]とても
5.	吧 ba	[語助]推測を表す．…でしょう		16.	谢谢 xièxie	[動]ありがとう
6.	哦 ò	[嘆]納得の意を表す．ああ		17.	学习 xuéxí	[動・名]勉強する．学習
7.	欢迎 huānyíng	[動]歓迎する		18.	怎么样 zěnmeyàng	[疑代]どう．どのようですか
	欢迎欢迎 huānyíng huānyíng	ようこそ．いらっしゃい		19.	马马虎虎 mǎmǎhūhū	まあまあです
8.	打搅 dǎjiǎo	[動]邪魔する		20.	汉语 Hànyǔ	[名]中国語
	打搅打搅 dǎjiǎo dǎjiǎo	ちょっとお邪魔します		21.	班 bān	[名]クラス
9.	别 bié	[副]禁止を表す．…するな		22.	的 de	[構助]…の
10.	客气 kèqi	[動]遠慮する		23.	多 duō	[形]多い
	别客气 bié kèqi	ご遠慮なく		24.	太 tài	[副]極めて．あまりにも…すぎる
11.	坐 zuò	[動]座る			不太 bú tài	あまり…ない
	请坐 qǐng zuò	どうぞお座りください				

本文　B-07

汪先生の自宅に、中国の教え子、李麗さんが訪ねてきます。

（ドアをノックする音）

汪老师：谁　呀？
Wāng lǎoshī : Shéi　ya？

李丽：请问，　汪　老师　家 是　这儿　吧？
Lǐ Lì : Qǐngwèn, Wāng lǎoshī jiā shì zhèr ba？

汪老师：是。 哦，是 李　丽　呀！　欢迎　　欢迎！
Shì. Ò, shì Lǐ Lì ya！ Huānyíng huānyíng！

李丽：打搅　打搅。
Dǎjiǎo dǎjiǎo.

汪老师：别　客气。 请　　坐。
Bié kèqi. Qǐng zuò.

李丽：汪　老师，好　久　不　见　了。您　最近　身体　好　吗？
Wāng lǎoshī, hǎo jiǔ bú jiàn le Nín zuìjìn shēntǐ hǎo ma？

汪老师：很　好。 谢谢。 你　学习　怎么样？
Hěn hǎo. Xièxie. Nǐ xuéxí zěnmeyàng？

李丽：马马虎虎。 汉语　班　的　学生　多 不　多？
Mǎmǎhūhū. Hànyǔ bān de xuésheng duō bu duō？

汪老师：不　太　多。
Bú tài duō.

📍 文法の要点

1. **構造助詞"的"(1)**：定語（連体修飾語）を構成する。

   名詞・人称代詞＋的＋名詞：「…の…」
   1) 汉语班的学生　　Hànyǔ bān de xuésheng
   2) 我的书　　　　　wǒ de shū

▶親族・所属集団などは、強調する場合を除き"的"を省略する。
   3) 我妈妈　wǒ māma　　4) 他们学校　tāmen xuéxiào　　5) 我们公司　wǒmen gōngsī

▶国籍・言語などが前につき熟語化した場合は"的"を用いない。
   6) 中国老师　Zhōngguó lǎoshī　　7) 汉语书　Hànyǔ shū

2. **形容詞述語文**

   ［肯定］　主語＋(很)形容詞
   1) 身体很好。　　　　　　　　　Shēntǐ hěn hǎo.
      「身体が健康である（"很"を軽く発音）」
      「身体がとても健康である（"很"を強く発音）」
   2) 我们的教室很大。　　　　　　Wǒmen de jiàoshì hěn dà.
      （× 身体是好。）

▶対比する場合は"很"を用いない。
   3) 我们的教室大，他们的教室小。　Wǒmen de jiàoshì dà, tāmen de jiàoshì xiǎo.
   4) 男学生多，女学生少。　　　　Nánxuésheng duō, nǚxuésheng shǎo.

   ［否定］
▶形容詞の前に"不"を置く。
   5) 身体不好。　　　　　　　　　Shēntǐ bù hǎo.
   6) 学习不忙。　　　　　　　　　Xuéxí bù máng.

   ［当否疑問］
▶文末に"吗"を置く。
   7) 身体好吗？　　　　　　　　　Shēntǐ hǎo ma？
      ―身体很好。　　　　　　　　―Shēntǐ hěn hǎo.

8) 作业多吗? Zuòyè duō ma ?
—作业不多。 —Zuòyè bù duō.
9) 汉语难吗? Hànyǔ nán ma ?
—不太难。〈部分否定〉 —Bú tài nán.

[反復疑問]
▶ 「肯定＋否定」の型をとる。
10) 汉语班的学生多不多? Hànyǔ bān de xuésheng duō bu duō ?
11) 工作忙不忙? Gōngzuò máng bu máng ?

3. 主述述語文
   主語＋述語（主＋述）
   1) 他身体很好。 Tā shēntǐ hěn hǎo.
   2) 我们学习不太紧张。 Wǒmen xuéxí bú tài jǐnzhāng.

4. 疑問詞"怎么样"：「どうですか」
   1) 你学习怎么样? Nǐ xuéxí zěnmeyàng ?
   —马马虎虎。 —Mǎmǎhūhū.
   2) 你们大学怎么样? Nǐmen dàxué zěnmeyàng ?
   —我们大学很漂亮。 —Wǒmen dàxué hěn piàoliang.
   3) 天气怎么样? Tiānqì zěnmeyàng ?
   —天气不错。 —Tiānqì búcuò.
   （× 你学习怎么样吗?）

5. 語気助詞"吧"(1)：推測・確認を表す。「…でしょう」
   1) 汪老师家是这儿吧? Wāng lǎoshī jiā shì zhèr ba ?
   2) 她朋友是美国人吧。 Tā péngyou shì Měiguórén ba.
   3) 你的汉语成绩不错吧。 Nǐ de Hànyǔ chéngjì búcuò ba.

補充単語 B-08

1.	书 shū	[名]本	
2.	妈妈 māma	[名]お母さん	
3.	学校 xuéxiào	[名]学校	
4.	公司 gōngsī	[名]会社	
5.	教室 jiàoshì	[名]教室	
6.	大 dà	[形]大きい	
7.	小 xiǎo	[形]小さい	
8.	男 nán	[名]男（の）	
	男学生 nánxuésheng	[名]男子学生	
9.	女 nǚ	[名]女（の）	
	女学生 nǚxuésheng	[名]女子学生	
10.	少 shǎo	[形]少ない	
11.	忙 máng	[形]忙しい	
12.	作业 zuòyè	[名]宿題	
13.	难 nán	[形]難しい	
14.	工作 gōngzuò	[名・動]仕事．働く	
15.	紧张 jǐnzhāng	[形]忙しい．緊張する	
16.	大学 dàxué	[名]大学	
17.	漂亮 piàoliang	[形]美しい．きれいだ	
18.	朋友 péngyou	[名]友だち	
19.	成绩 chéngjì	[名]成績	
20.	天气 tiānqì	[名]天気	
21.	不错 búcuò	[形]すばらしい．良い	
22.	进 jìn	[動]入る	
23.	喝 hē	[動]飲む	
24.	茶 chá	[名]お茶	
25.	啊 ā	[嘆]驚いたとき発する言葉．あっ	
26.	日语 Rìyǔ	[名]日本語	

練習問題

1. 次の組み合わせ語句の空欄を埋めなさい。

▼日本語	▼ピンイン	▼簡体字
① どうですか		
② とても		
③ ようこそ		
④ 邪魔する		
⑤ まあまあです		
⑥	shéi	
⑦	qǐng zuò	
⑧	zuòyè	
⑨	bié kèqi	
⑩	Hànyǔ bān	
⑪		这儿
⑫		最近
⑬		不太好
⑭		学习
⑮		好久不见了

2. 置き換え練習

① 身体 怎么样?
——身体 很 好。

| 汉语 / 难 | 大学 / 漂亮 |
| 工作 / 忙 | 汉语成绩 / 不错 |

② 你 身体 好 吗?
——我 身体 不 好。

| 学习 / 忙 | 工作 / 紧张 |
| | 作业 / 多 |

③ 汉语班 的 学生 多 不 多?
——汉语班 的 学生 不 太 多。

| 他们 / 教室 / 大 | 老师 / 汉语书 / 多 |
| | 她 / 汉语成绩 / 好 |

④ 请 坐。
——谢谢!

| 进 | 喝茶 |

3. 日本語に合うように、[　]の中の語句を並べ替えなさい。

① [我　学习　紧张　很　最近]
　私は最近勉強がとても忙しい。

_____

② [你　怎么样　妈妈　身体]
　お母さんの体の具合はいかがですか。

_____

③ [他　汉语　成绩　好　太　不]
　彼は中国語の成績があまりよくありません。

_____

④ [你们　教室　的　不　大　大]
　あなたたちの教室は大きいですか。

_____

⑤ [汪老师　家　吧　这儿　是]
　汪先生の家はここでしょうか。

_____

4. 中国語に訳しなさい。
　① お元気ですか。　———まあまあです。

　② ちょっとお邪魔します。　———ご遠慮なく、どうぞおかけください。

　③ 中国語クラスの学生は多いですか。（反復質問で）

　④ 私たちの学校も大きくありません。

　⑤ あなたたちの大学はとてもきれいでしょ？

5. 中国語の質問と応答　　B-09
　（A）は本文の内容に即して答え、（B）は実情に合わせて答えなさい。
（A）① 汪老师家是这儿吗?

　② 汪老师最近身体好吗?

　③ 李丽学习怎么样?

　④ 汉语班的学生多不多?

（B）⑤ 你身体好吗?

　⑥ 你学习忙不忙?

　⑦ 汉语难不难?

　⑧ 谁是你们的汉语老师?

　⑨ 这儿是你们的教室吗?

　⑩ 你们大学怎么样?

6. 次の会話文を発音し、さらに日本語に訳しなさい。　🅒 B-10

（一）　　A：谁呀？

　　　　B：我！张大明。

　　　　A：啊！是张大明。请进！请进！

　　　　B：打搅打搅。

　　　　A：别客气。请坐。请喝茶。

　　　　B：谢谢。好久不见了，最近怎么样？

　　　　A：马马虎虎。

　　　　B：你妈妈身体好吧？

　　　　A：她很好。谢谢。你妈妈身体好不好？

　　　　B：她也很好。

（二）　　A：李丽，最近学习紧张吗?

B：很紧张。作业很多。你忙不忙?

A：我最近不忙。日语难吗?

B：不太难。

A：日语班的学生多不多?

B：不太多。

第三课　我家只有三口人。

Dì sān kè　　Wǒ jiā zhǐ yǒu sān kǒu rén.

学習ポイント ▶ 1. 数詞　2. 量詞　3. "二"と"两"　4. 動詞"有"　5. 疑問詞"几"
6. 副詞"还"　7. 語気助詞"呢"（1）　8. 副詞"只"　9. 年齢の尋ね方

新出単語　B-11

1.	同学 tóngxué	[名] 学生に対する呼称．…さん	
2.	有 yǒu	[動] いる．ある．持つ	
3.	几 jǐ	[疑代] 十以下の数を問う．いくつ	
4.	口 kǒu	[量] 家族などの人数を数える単位．…人	
5.	六 liù	[数] 六	
6.	还 hái	[副] ほかに．また	
7.	一 yī	[数] 一	
8.	只 zhī	[量] 鳥獣を数える単位．…匹	
9.	狗 gǒu	[名] 犬	
10.	兄弟姐妹 xiōngdì jiěmèi	[名] 兄弟姉妹	
11.	对 duì	[形] そうだ．正しい	
12.	两 liǎng	[数] 二つ	
13.	个 ge	[量] 人やものを数える単位．…人．…個	
14.	姐姐 jiějie	[名] 姉	
15.	和 hé	[接] …と	
16.	哥哥 gēge	[名] 兄	
17.	呢 ne	[語助] 疑問の語気を表す．…は？	
18.	没 méi	[副] 否定を表す．…ない	
19.	只 zhǐ	[副] …だけ	
20.	三 sān	[数] 三	
21.	看 kàn	[動] 見る	
22.	这 zhè	[指代] これ	
23.	照片 zhàopiàn	[名] 写真	
24.	真 zhēn	[副] 本当に	
25.	帅 shuài	[形] 格好いい	
26.	今年 jīnnián	[名] 今年	
27.	多 duō	[疑代] どれくらい	
	多大 duō dà	いくつ．どれくらい	

28.	二十一 èrshiyī	[数]二十一	30. 年级 niánjí	[名]学年
29.	岁 suì	[量]歳		

📍 本 文　🔊 B-12

教室で、中国語クラスの友人、林恵さんと阿部亮（あきら）君、日本人同士の会話です。

林惠：阿部　同学，你　家　有　几　口　人？
Lín Huì： Ābù　tóngxué, nǐ　jiā　yǒu　jǐ　kǒu　rén?

阿部亮：六　口　人，还　有　一　只　狗。
Ābù Liàng： Liù　kǒu　rén, hái　yǒu　yì　zhī　gǒu.

林惠：你　有　兄弟　姐妹　吧。
Nǐ　yǒu　xiōngdì　jiěmèi　ba.

阿部亮：对。我　有　两　个　姐姐　和　一　个　哥哥。你　呢？
Duì. Wǒ　yǒu　liǎng　ge　jiějie　hé　yí　ge　gēge. Nǐ　ne?

林惠：我　没　有　兄弟　姐妹。我　家　只　有　三　口　人。
Wǒ méi yǒu xiōngdì jiěmèi. Wǒ jiā zhǐ yǒu sān kǒu rén.

阿部亮：你　看，这　是　我　哥哥　的　照片。
Nǐ　kàn, zhè　shì　wǒ　gēge　de　zhàopiàn.

林惠：你　哥哥　真　帅。他　今年　多　大？
Nǐ　gēge　zhēn　shuài. Tā　jīnnián　duō　dà?

阿部亮：二十一　岁。
Èr shi yī　suì.

林惠：你　哥哥　也　是　大学生　吧？
Nǐ　gēge　yě　shì　dàxuéshēng　ba?

阿部亮：对，他　是　大学　三　年级　学生。
Duì, tā　shì　dàxué　sān　niánjí　xuésheng.

文法の要点

1. **数詞(1)** →【参考】93頁

一	二	三	四	五	六	七	八	九	十
yī	èr	sān	sì	wǔ	liù	qī	bā	jiǔ	shí

十一	十二	…十九	二十	二十一	二十二	…三十…	九十九	一百
shíyī	shí'èr	shíjiǔ	èrshí	èrshiyī	èrshi'èr	sānshí	jiǔshijiǔ	yìbǎi

2. **量詞**

   数詞＋量詞＋名詞　　※名詞は省略する場合もある。

   一　　个　　人　「一人のひと」
   yí　　ge　　rén

   1) 一只猫 yì zhī māo　　2) 两本书 liǎng běn shū　　3) 三台电脑 sān tái diànnǎo
   4) 四支笔 sì zhī bǐ　　5) 五件衣服 wǔ jiàn yīfu　　6) 六张照片 liù zhāng zhàopiàn

3. **"二"と"两"**

   順序を表す場合には"二"
   1) 第二课 dì'èr kè　　2) 一　二　三 yī èr sān　　3) 二年级 èr niánjí

   数量を表す場合には"两"
   1) 两个学生 liǎng ge xuésheng　　2) 两只鸟 liǎng zhī niǎo　　3) 两张票 liǎng zhāng piào
   　※第两节课 dì liǎng jié kè（二限目の授業）　　两节课 liǎng jié kè（二コマの授業）

4. **動詞"有"**：存在と所有を表す。

   〔1〕存在
   ［肯定］場所＋有＋事物・人　：「…（に）…がある／いる」
   　1) 我家有六口人。　　　　　Wǒ jiā yǒu liù kǒu rén.
   　2) 我的房间有一台电视机。　Wǒ de fángjiān yǒu yì tái diànshìjī.

   ［否定］場所＋没＋有＋事物・人
   ▶ "有"の前に否定を表す副詞"没"を置く。
   　3) 我家没有宠物。　　　　　Wǒ jiā méi yǒu chǒngwù.
   　4) 附近没有书店，只有一个小卖部。　Fùjìn méi yǒu shūdiàn, zhǐ yǒu yí ge xiǎomàibù.
   　　（×我家不有宠物。）

［当否疑問］
▶文末に"吗"を置く。
    5) 你的房间有电视机吗?　　　　　　Nǐ de fángjiān yǒu diànshìjī ma?
      —有，我的房间有电视机。　　　　—Yǒu, wǒ de fángjiān yǒu diànshìjī.
      —没有，我的房间没有电视机。　—Méi yǒu, wǒ de fángjiān méi yǒu diànshìjī.
    6) 你们大学有外国老师吗?　　　　　Nǐmen dàxué yǒu wàiguó lǎoshī ma?

［反復疑問］ 場所＋有＋没＋有＋事物・人？
▶「肯定」＋「否定」の型をとる。
    7) 你们班有没有留学生?　　　　　　Nǐmen bān yǒu méi yǒu liúxuéshēng?
      —有。　　　　　　　　　　　　　　—Yǒu.
      —没有。　　　　　　　　　　　　　—Méi yǒu.
    8) 你们大学有没有信息楼?　　　　　Nǐmen dàxué yǒu méi yǒu xìnxīlóu?

〔2〕所有
［肯定］ 人＋有＋事物・人：「… は …を持っている／がある／がいる」
    1) 她有一支铅笔。　　　　　　　　　　Tā yǒu yì zhī qiānbǐ.
    2) 我姐姐有男朋友。　　　　　　　　　Wǒ jiějie yǒu nánpéngyou.

［否定］
    3) 她没有手机。　　　　　　　　　　　Tā méi yǒu shǒujī.
    4) 我没有妹妹。　　　　　　　　　　　Wǒ méi yǒu mèimei.

［当否疑問］
    5) 他有女朋友吗?　　　　　　　　　　Tā yǒu nǚpéngyou ma?
    6) 你有电脑吗?　　　　　　　　　　　Nǐ yǒu diànnǎo ma?

［反復疑問］
    7) 你有没有时间?　　　　　　　　　　Nǐ yǒu méi yǒu shíjiān?
    8) 她有没有弟弟?　　　　　　　　　　Tā yǒu méi yǒu dìdi?

5. **疑問詞"几"**：10以下の数を予想して尋ねるときに使う。後ろに量詞が伴う。
    1) 你有几个姐姐?　　　　　　　　　　Nǐ yǒu jǐ ge jiějie?
      —我有两个姐姐。　　　　　　　　—Wǒ yǒu liǎng ge jiějie.
    2) 你是几年级学生?　　　　　　　　　Nǐ shì jǐ niánjí xuésheng?
      —我是二年级学生。　　　　　　　—Wǒ shì èr niánjí xuésheng.

6. **副詞"还"**：数量の増加・範囲の拡大を表す。「さらに…／ほかに…」
    1) 我家有六口人，还有一只狗。　　　　Wǒ jiā yǒu liù kǒu rén, hái yǒu yì zhī gǒu.
    2) 这儿有五本课本，还有一台电脑。　　Zhèr yǒu wǔ běn kèběn, hái yǒu yì tái diànnǎo.

7. **語気助詞"呢"(1)**：省略型の疑問文。
    名詞句＋呢？：「…は？」
    1) 我有两个手机，你呢？　　　　　　　Wǒ yǒu liǎng ge shǒujī, nǐ ne?
    2) 他们是韩国留学生，你们呢？　　　　Tāmen shì Hánguó liúxuéshēng, nǐmen ne?
    3) 我家有四口人，你家呢？　　　　　　Wǒ jiā yǒu sì kǒu rén, nǐ jiā ne?

8. **副詞"只"**：限定を表す。「…だけ」
    1) 我家只有三口人。　　　　　　　　　Wǒ jiā zhǐ yǒu sān kǒu rén.
    2) 我们大学只有一个食堂。　　　　　　Wǒmen dàxué zhǐ yǒu yí ge shítáng.

9. **年齢の尋ね方**：「いくつ／何歳」
    1) 你女儿几岁？　　　　　　　　　　　Nǐ nǚ'ér jǐ suì?
       ―我女儿十岁。　　　　　　　　　　―Wǒ nǚ'ér shí suì.
    2) 他今年多大？　　　　　　　　　　　Tā jīnnián duō dà?
       ―他今年二十一岁。　　　　　　　　―Tā jīnnián èrshiyī suì.
    3) 你爸爸多大年纪？　　　　　　　　　Nǐ bàba duō dà niánjì?
       ―我爸爸五十四岁。　　　　　　　　―Wǒ bàba wǔshisì suì.

補充単語　B-13

1.	猫 māo	[名]猫	7.	件 jiàn	[量]服や事柄を数える単位．…着
2.	本 běn	[量]書籍などを数える単位．…冊	8.	衣服 yīfu	[名]衣服．服
3.	台 tái	[量]機械などを数える単位．…台	9.	张 zhāng	[量]紙など平らなものを数える単位．…枚
4.	电脑 diànnǎo	[名]パソコン	10.	第 dì	[接頭]順序を表す．第…
5.	支 zhī	[量]ペン類など、棒状の物を数える単位．…本	11.	课 kè	[名]テキストの一区切り．課
6.	笔 bǐ	[名]ペン．筆記用具の総称	12.	鸟 niǎo	[名]鳥

13.	票 piào	[名]切符		24.	妹妹 mèimei	[名]妹
14.	房间 fángjiān	[名]部屋		25.	时间 shíjiān	[名]時間
15.	电视机 diànshìjī	[名]テレビ		26.	弟弟 dìdi	[名]弟
16.	宠物 chǒngwù	[名]ペット		27.	课本 kèběn	[名]教科書
17.	附近 fùjìn	[名]付近．近く		28.	食堂 shítáng	[名]食堂
18.	书店 shūdiàn	[名]書店		29.	女儿 nǚ'ér	[名]娘
19.	小卖部 xiǎomàibù	[名]売店		30.	爸爸 bàba	[名]父
20.	外国 wàiguó	[名]外国		31.	年纪 niánjì	[名]年齢
21.	信息楼 xìnxīlóu	[名]情報センター		32.	图书馆 túshūguǎn	[名]図書館
22.	铅笔 qiānbǐ	[名]鉛筆		33.	高中生 gāozhōngshēng	[名]高校生
23.	手机 shǒujī	[名]携帯電話		34.	小学生 xiǎoxuéshēng	[名]小学生
					朋子 péngzǐ	[人名]朋子

練習問題

1. 次の組み合わせ語句の空欄を埋めなさい。

▼日本語	▼ピンイン	▼簡体字
① 兄		
② 一台のパソコン		
③ …だけ		
④ 写真を見る		
⑤ 二人の姉		
⑥	méi yǒu	
⑦	hái	
⑧	shuài	
⑨	zhēn	
⑩	sān jiàn yīfu	
⑪		有
⑫		兄弟姐妹
⑬		几年级
⑭		和
⑮		一只狗

2. 置き換え練習

① 你有哥哥吗?
　—有,我有哥哥。
　你有几个哥哥?
　—我有两个哥哥。

　　朋友／个　　汉语书／本
　　笔／支　　　电脑／台

② 你家有狗吗?
　—没有,我家没有狗。你家呢?
　我家也没有狗。

　　宠物　　猫　　电视机

③ 你们大学有没有食堂?
　—有,我们大学有食堂。

　　图书馆　　小卖部　　信息楼

④ 你今年多大?
　—我十八岁。你也是十八岁吗?
　不,我不是十八岁,我是十九岁。

　　十九／二十　　二十一／二十二

⑤ 你是几年级学生?
　—我是大学一年级学生。

　　二　　三　　四

3. 日本語に合うように、[　　]の中の語句を並べ替えなさい。

① [支　有　你　几　铅笔]
　あなたは鉛筆を何本持っていますか。

_____

② [我　哥哥　有　没]
　私には兄がいません。

_____

③ [你　房间　的　没有　有　电视机]
　あなたの部屋にはテレビがありますか。

_____

④ [我　有　只　汉语　书　本　一]
　　私は中国語の本を一冊しか持っていません。

　　_____

⑤ [这　你　的　笔　课本　和　是]
　　これはあなたのペンと教科書です。

　　_____

4. 中国語に訳しなさい。
　　① あなたの家は何人家族ですか。

　　_____

　　② 私は姉が二人います。あなたは？

　　_____

　　③ あなたのお父さんはおいくつですか。

　　_____

　　④ あなたは携帯電話を持っていますか。――持っていません。

　　_____

　　⑤ 近くに書店はありません。

　　_____

5. 中国語の質問と応答　　B-14
　　（A）は本文の内容に即して答え、（B）は実情に合わせて答えなさい。
（A）① 阿部家有几口人？

　　② 阿部有没有哥哥？

　　③ 阿部有几个哥哥？

　　④ 阿部的哥哥今年多大？

　　⑤ 阿部的哥哥也是大学生吗？

⑥ 阿部的哥哥是几年级学生?

⑦ 阿部的哥哥帅不帅?

⑧ 林惠有没有兄弟姐妹?

⑨ 林惠家有几口人?

(B) ⑩ 你家有几口人?

⑪ 你家有没有宠物?

⑫ 你有没有兄弟姐妹?

⑬ 你今年多大?

⑭ 你有手机吗?

⑮ 你的房间有什么?

6. 次の会話を発音し、さらに日本語に訳しなさい。 B-15

(一)　　A：铃木同学，你家有几口人?

　　　　B：五口人。你家呢?

　　　　A：三口人，还有一只猫。

　　　　B：你没有兄弟姐妹吧。

A：对。你呢?

B：我有一个妹妹和一个弟弟。

A：你妹妹是高中生吗？

B：不，她是小学生。

A：是吗? 你妹妹今年几岁?

B：八岁。

（二） A：请问，这儿是铃木贵子家吗?

B：是啊。你是谁?

A：你是贵子的妹妹，叫朋子吧。

B：哦，你是我姐姐的男朋友吧。

A：对，对。

● 量詞と名詞の組み合わせ　🆑 B-16

1	把 bǎ	椅子 yǐzi（椅子）　刀 dāo（刀）　伞 sǎn（傘）
2 （两 liǎng）	杯 bēi	咖啡 kāfēi（コーヒー）　酒 jiǔ（お酒）　红茶 hóngchá（紅茶） 牛奶 niúnǎi（牛乳）
3	本 běn	书 shū（本）　词典 cídiǎn（辞書）　杂志 zázhì（雑誌）
4	封 fēng	信 xìn（手紙）　邮件 yóujiàn（メール）
5	个 ge	学生 xuésheng（学生）　本子 běnzi（ノート）　书包 shūbāo（カバン） 手机 shǒujī（携帯電話）　馒头 mántou（饅頭）　橘子 júzi（みかん）
6	家 jiā	书店 shūdiàn（書店）　公司 gōngsī（会社） 饭店 fàndiàn（ホテル・レストラン）
7	件 jiàn	衣服 yīfu（服）　毛衣 máoyī（セーター）　事 shì（用事）
8	节 jié	课 kè（授業）　竹子 zhúzi（竹）
9	块 kuài	手表 shǒubiǎo（腕時計）　橡皮 xiàngpí（消しゴム） 方丝巾 fāngsījīn（スカーフ）
10	口 kǒu	人 rén（家族などの人数）　牙 yá（歯）　井 jǐng（井戸）
11	辆 liàng	汽车 qìchē（車）　的士 dīshì（タクシー）　自行车 zìxíngchē（自転車）
12	首 shǒu	歌 gē（歌）　曲子 qǔzi（歌・曲）　诗 shī（詩）
13	双 shuāng	眼睛 yǎnjing（目）　手 shǒu（手）　鞋 xié（靴） ※二つで一組の片方は"只"を用いる。
14	台 tái	电视机 diànshìjī（テレビ）　电脑 diànnǎo（パソコン） 空调 kōngtiáo（エアコン）
15	条 tiáo	路 lù（道路）　裤子 kùzi（ズボン）　领带 lǐngdài（ネクタイ）
16	位 wèi	老师 lǎoshī（先生）　客人 kèren（お客さん）
17	张 zhāng	桌子 zhuōzi（机）　床 chuáng（ベット）　票 piào（チケット） 地图 dìtú（地図）
18	只 zhī	狗 gǒu（犬）　猫 māo（猫）　小鸟 xiǎoniǎo（小鳥） 熊猫 xióngmāo（パンダ）
19	支 zhī	笔 bǐ（ペン）　圆珠笔 yuánzhūbǐ（ボールペン） 牙刷 yáshuā（歯ブラシ）　香烟 xiāngyān（タバコ）
20	座 zuò	山 shān（やま）　大楼 dàlóu（ビル）　城市 chéngshì（都市）

【参考】

第四课 我的词典在书架上。
Dì sì kè　　Wǒ de cídiǎn zài shūjià shang.

学習ポイント ▶ 1.こそあど　2.指示代詞と量詞　3.構造助詞"的"(2)　4.方位詞
　　　　　　　 5.動詞"在"　6.副詞"都"　7.疑問詞疑問文

新出単語　B-17

1.	词典 cídiǎn	[名]辞典		8.	英文 Yīngwén	[名]英文．英語
2.	在 zài	[動]ある．いる		9.	杂志 zázhì	[名]雑誌
3.	书架 shūjià	[名]本棚		10.	桌子 zhuōzi	[名]机
4.	上 shàng / shang	[方]…の上		11.	专业 zhuānyè	[名]専攻
5.	那 nà	[指代]それ．その．あれ．あの		12.	法律 fǎlǜ	[名]法律
6.	些 xiē	[量]不定数を表す．…ら		13.	哪 nǎ	[疑代]どの
7.	都 dōu	[副]みな		14.	日中大学 Rìzhōng dàxué	[名]日中大学

本文 B-18

阿部君のマンションで、阿部君と林さんの会話です。

林惠：这 是 你 的 词典 吗？
Lín Huì: Zhè shì nǐ de cídiǎn ma?

阿部亮：不 是。我 的 词典 在 书架 上。
Ābù Liàng: Bú shì. Wǒ de cídiǎn zài shūjià shang.

林惠：那 些 是 什么？
Nà xiē shì shénme?

阿部亮：那 些 都 是 英文 杂志。
Nà xiē dōu shì Yīngwén zázhì.

林惠：桌子 上 的 那 本 书 是 谁 的？
Zhuōzi shang de nà běn shū shì shéi de?

阿部亮：是 我 哥哥 的。
Shì wǒ gēge de.

林惠：你 哥哥 的 专业 是 什么？
Nǐ gēge de zhuānyè shì shénme?

阿部亮：他 的 专业 是 法律。
Tā de zhuānyè shì fǎlǜ.

林惠：他 是 哪 个 大学 的？
Tā shì nǎ ge dàxué de?

阿部亮：他 是 日中 大学 的。
Tā shì Rìzhōng dàxué de.

文法の要点

1. 「こ・そ・あ・ど」：指示代詞と不定のものや場所を問う疑問代詞。

	近称	遠称	疑問
人・事物	这 zhè 这个 zhège これ，この	那 nà 那个 nàge それ，その　あれ，あの	哪 nǎ 哪个 nǎge どれ，どの
人・事物 複数	这些 zhè xiē これら（の）	那些 nà xiē それら（の）　あれら（の）	哪些 nǎ xiē どれら（の）
場所	这儿 zhèr, 这里 zhèli ここ	那儿 nàr, 那里 nàli そこ　あそこ	哪儿 nǎr, 哪里 nǎli どこ

1) 这是我的杂志。　　　　　　　　　　Zhè shì wǒ de zázhì.
2) 你要哪个？　　　　　　　　　　　　Nǐ yào nǎge?
 　—我要这个。　　　　　　　　　　　—Wǒ yào zhège.
3) 那些是英语词典。　　　　　　　　　Nà xiē shì Yīngyǔ cídiǎn.
4) 那儿是你们的教室。　　　　　　　　Nàr shì nǐmen de jiàoshì.

2. **指示代詞（／疑問代詞）と量詞**：事物や人の示し方。
 这／那（／哪）＋量詞＋名詞　　※名詞は省略する場合もある。
1) 你要这本书吗？　　　　　　　　　　Nǐ yào zhè běn shū ma?
2) 哪个人是你姐姐？　　　　　　　　　Nǎ ge rén shì nǐ jiějie?

3. **構造助詞"的"(2)**：既知のものを省略し、名詞句を構成する。　　→第二課 1.
 名詞・代詞＋的
1) 那本电子词典是我朋友的。　　　　　Nà běn diànzǐ cídiǎn shì wǒ péngyou de.
2) 这些杂志是他的。　　　　　　　　　Zhè xiē zázhì shì tā de.
3) 哪件衣服是你的？　　　　　　　　　Nǎ jiàn yīfu shì nǐ de?

4. **方位詞**：方向や位置・範囲の限定を示す。
 〈1〉単音節方位詞：名詞の後ろに置き単独で用いない。（表中〈1〉）
 〈2〉複音節方位詞：単独で用いる。「単音節方位詞＋边／面」（表中〈1〉＋〈2〉）

〈1〉〈2〉	上 shàng	下 xià	前 qián	后 hòu	里 lǐ	外 wài	左 zuǒ	右 yòu	东 dōng	南 nán	西 xī	北 běi	旁 páng	对 duì
边 bian	+	+	+	+	+	+	+	+	+	+	+	+	+	−
面 miàn	+	+	+	+	+	+	+	+	+	+	+	+	−	+

1) 桌子上的那本书是谁的?   Zhuōzi shang de nà běn shū shì shéi de?
2) 桌子下有一只狗。   Zhuōzi xia yǒu yì zhī gǒu.
3) 图书馆对面是信息楼。   Túshūguǎn duìmiàn shì xìnxīlóu.
4) 旁边没有人。   Pángbiān méiyǒu rén.

5. **動詞"在"**：存在を表す。

[肯定] 事物・人＋在＋場所：「… は …にある／いる」
1) 我的词典在书架上。   Wǒ de cídiǎn zài shūjià shang.
2) 李丽在教室里。   Lǐ Lì zài jiàoshì li.
3) 洗手间在车站北边。   Xǐshǒujiān zài chēzhàn běibian.

[否定] 事物・人＋不＋在＋場所
▶ "在"の前に"不"を置く
4) 本子不在桌子上。   Běnzi bú zài zhuōzi shang.
5) 汪老师不在里边。   Wāng lǎoshī bú zài lǐbian.

[当否疑問]
6) 你的电脑在桌子上吗?   Nǐ de diànnǎo zài zhuōzi shang ma?
　—在，我的电脑在桌子上。   —Zài, wǒ de diànnǎo zài zhuōzi shang.
　—不在，我的电脑不在桌子上。   —Bú zài, wǒ de diànnǎo bú zài zhuōzi shang.
7) 你老家在东京吗?   Nǐ lǎojiā zài Dōngjīng ma?

[反復疑問]
▶述語部分を「肯定＋否定」の型にする。
8) 你的汉语词典在不在书包里?   Nǐ de Hànyǔ cídiǎn zài bu zài shūbāo li?
9) 小张在不在家?   Xiǎo Zhāng zài bu zài jiā?
10) 食堂在不在信息楼左边?   Shítáng zài bu zài xìnxīlóu zuǒbian?

6. 副詞"都"：「みな」
　　1) 那些都是汉日词典。　　　　　　　Nà xiē dōu shì Hàn-Rì cídiǎn.
　　2) 他们都不是日中大学的学生。〈全否定〉　Tāmen dōu bú shì Rìzhōng dàxué de xuésheng.
　　3) 他们不都是日中大学的学生。〈部分否定〉　Tāmen bù dōu shì Rìzhōng dàxué de xuésheng.
　　4) 我爸爸妈妈身体也都很好。　　　　Wǒ bàba māma shēntǐ yě dōu hěn hǎo.
　　　（× 我爸爸妈妈身体都也很好。）

7. 疑問詞疑問文（まとめ）　　　　　　　　　　　→第一課 3.、第二課 4.
　　1) 你的专业是什么？　　　　　　　　Nǐ de zhuānyè shì shénme?
　　　―我的专业是法律。　　　　　　　―Wǒ de zhuānyè shì fǎlǜ.
　　2) 他是哪个大学的？　　　　　　　　Tā shì nǎ ge dàxué de?
　　　―他是北京大学的。　　　　　　　―Tā shì Běijīng dàxué de.
　　3) 你身体怎么样？　　　　　　　　　Nǐ shēntǐ zěnmeyàng?
　　　―很好。　　　　　　　　　　　　―Hěn hǎo.
　　4) 桌子上的那本书是谁的？　　　　　Zhuōzi shang de nà běn shū shì shéi de?
　　　―是我哥哥的。　　　　　　　　　―Shì wǒ gēge de.
　　5) 邮局在哪儿？　　　　　　　　　　Yóujú zài nǎr?
　　　―邮局在银行前边。　　　　　　　―Yóujú zài yínháng qiánbian.

補充単語　B-19

1.	要 yào	[動]要る．ほしい		8.	对面 duìmiàn	[方]真向かい
2.	哪个 nǎge	[疑代]どれ		9.	边 biān / bian	…側．…（の）方
3.	这个 zhège	[指代]これ		10.	旁边 pángbiān	[名]そば
4.	英语 Yīngyǔ	[名]英語		11.	里 lǐ / li	[方]なか
5.	那儿 nàr	[指代]そこ．あそこ			里边 lǐbian	[方]なか．奥の方
6.	电子词典 diànzǐ cídiǎn	[名]電子辞書		12.	洗手间 xǐshǒujiān	[名]トイレ．化粧室
7.	下 xià / xia	[方]した		13.	车站 chēzhàn	[名]駅

14.	北边 běibian	[方]北側		25.	哪儿 nǎr	[疑代]どこ
15.	本子 běnzi	[名]ノート		26.	银行 yínháng	[名]銀行
16.	老家 lǎojiā	[名]故郷		27.	前边 qiánbian	[方]前．前の方
17.	东京 Dōngjīng	[名]東京		28.	皮鞋 píxié	[名]革靴
18.	书包 shūbāo	[名]カバン		29.	椅子 yǐzi	[名]椅子
19.	小 xiǎo	[接頭]年少者の姓の前につけて親しみを表す．…さん		30.	历史 lìshǐ	[名]歴史
20.	左边 zuǒbian	[方]左側		31.	文学 wénxué	[名]文学
21.	汉日词典 Hàn-Rì cídiǎn	[名]中日辞書		32.	经济学 jīngjìxué	[名]経済学
22.	北京 Běijīng	[名]北京		33.	圆珠笔 yuánzhūbǐ	[名]ボールペン
23.	北京大学 Běijīng dàxué	[名]北京大学		34.	哪国人 nǎ guó rén	どこの国の人
24.	邮局 yóujú	[名]郵便局				

練習問題

1. 次の組み合わせ語句の空欄を埋めなさい。

▼日本語	▼ピンイン	▼簡体字
① 本棚		
② どの大学		
③ カバンの中		
④ 駅の北側		
⑤ 机の上にある		
⑥	nà xiē	
⑦	Dōngjīng	
⑧	lǎojiā	
⑨	zhè běn shū	
⑩	Yīngwén zázhì	
⑪		专业
⑫		洗手间
⑬		都
⑭		词典
⑮		法律

2. **置き換え練習**

　① 你的书在书架上吗?
　　　我的书在书架上。

词典/书包/里	电脑/桌子/上
	皮鞋/椅子/下

　② 那本杂志是谁的?
　　　—那本杂志是哥哥的。

支/笔/爸爸	个/本子/弟弟
	件/衣服/妈妈

　③ 洗手间在哪儿?
　　　—洗手间在车站北边。

图书馆/信息楼 左边	邮局/银行 前边
	老师/教室 里边

　④ 你的专业是什么?
　　　—我的专业是法律。

中国历史	日本文学
经济学	英语

3. **日本語に合うように、[　]の中の語句を並べ替えなさい。**

　① [那 些 都 英文 杂志 是 不]
　　　あれらはいずれも英文の雑誌ではありません。

　_____

　② [这 书 不 些 我哥哥 是 的 都]
　　　これらの本はすべてが兄のものというわけではありません。

　_____

　③ [我 的 汉语 都 书 书架 上 在]
　　　私の中国語の本はみな本棚にあります。

　_____

　④ [哪 本 汉日 词典 你 是 的]
　　　どの中日辞典があなたの（もの）ですか。

　_____

　⑤ [图书馆 信息楼 左边 不 在]
　　　図書館は情報センターの左側にありますか。

　_____

75

4. 中国語に訳しなさい。
   ① 机の上のあの雑誌はなんの雑誌ですか。

   ② これらの衣服はすべて私のです。

   ③ あなたのパソコンはどこにありますか。

   ④ 私の本はカバンの中にありません。

   ⑤ これらはみな先生の中国語辞典です。

5. 中国語の質問と応答　B-20
   （A）は本文の内容に即して答え、（B）は実情に合わせて答えなさい。
(A) ① 阿部的词典在哪儿?

   ② 桌子上的那本书是谁的?

   ③ 阿部的哥哥的专业是什么?

   ④ 阿部的哥哥是哪个大学的学生?

(B) ⑤ 你有汉语课本吗?

   ⑥ 你的汉语课本在哪儿?

   ⑦ 你家在不在东京?

   ⑧ 你是哪个大学的学生?

   ⑨ 你的专业是什么?

⑩ 你们大学在哪儿?

⑪ 你们大学的图书馆对面是什么?

6. 次の会話文を発音し、さらに日本語に訳しなさい。　　B-21

(一)　A:小林，这是你的圆珠笔吗?

　　B:不是我的，是我姐姐的。

　　A:那支圆珠笔也是你姐姐的吗?

　　B:对，那支也是我姐姐的。

　　A:你没有圆珠笔吗?

　　B:没有。我只有一支铅笔。

　　A:你的铅笔在哪儿?

　　B:在桌子上。

(二)　A:你看，这是我女朋友的照片。

　　B:你女朋友真漂亮。她是哪国人?

A：她是中国人。

B：她家在哪儿?

A：她家在北京。

B：她叫什么名字?

A：她姓王，叫王小梅。

● 漢詩　　　　Fēng qiáo yè bó　　　　　枫桥夜泊

　　　　　　　　　Zhāng Jì　　　　　　　　　　　张继

　　Yuè luò wū tí shuāng mǎn tiān,　　月落乌啼霜满天，

　　Jiāng fēng yú huǒ duì chóu mián.　江枫渔火对愁眠。

　　Gū sū chéng wài Hán shān sì,　　　姑苏城外寒山寺，

　　Yè bàn zhōng shēng dào kè chuán.　夜半钟声到客船。

[日本語訳]
　　　　楓橋のほとりで夜舟を停泊して作る
　　　　　　　　　　　　　　　　　　　　　張　　継
月は沈んでカラスが鳴き、霜気は凝って空に満ちる。
旅の愁いにひとり眠らず、岸の楓の樹といさり火と、
ぼんやりと目にうつる。
蘇州城外の寒山寺、まだ夜もあけていないのに鐘の音が、
旅寝の舟にひびき来る。

※ "姑苏" は蘇州。"寒山寺" 蘇州郊外にある寺。

　　　　　Tīng tán qín　　　　　　　　听弹琴

　　　　　Liú chángqīng　　　　　　　刘长卿

　　Líng líng qī xián shàng,　　　　泠泠七弦上，

　　Jìng tīng sōng fēng hán.　　　　静听松风寒。

　　Gǔ diào suī zì ài,　　　　　　　古调虽自爱，

　　Jīn rén duō bù tán.　　　　　　　今人多不弹。

[日本語訳]
　　　　七弦の琴の音を聴く
　　　　　　　　　　　　　　　　　　　　　劉　長卿
しずかに、清らかな音の七弦の琴を弾けば、
涼しい松風の音をきく思い。
この古い調べを私は愛するが、
今ではこれを弾く人もまれ。

【参考】

79

第五课 我喜欢看电影。
Dì wǔ kè　　Wǒ xǐhuan kàn diànyǐng.

学習ポイント ▶ 1. 時間詞（1）　2. 疑問詞"多少"　3. 名詞述語文　4. 一般動詞述語文
　　　　　　　　5. 動詞"喜欢"　6. 助動詞"想""要""能"

新出単語　B-22

1.	星期 xīngqī	[名]週間．曜日		15.	听 tīng	[動]聴く
2.	多少 duōshao	[疑代]どれぐらい		16.	音乐 yīnyuè	[名]音楽
3.	节 jié	[量]授業など区切りに分けられるものを数える単位．…コマ		17.	星期六 xīngqīliù	[名]土曜日
4.	课 kè	[名]授業		18.	想 xiǎng	[助動]…したい
5.	下 xià	[動]（授業・仕事などが）終わる．ひける		19.	去 qù	[動]行く
	下课 xià//kè	授業が終わる		20.	对不起 duìbuqǐ	ごめんなさい．すみません
6.	后 hòu	[方]（…の）あと		21.	要 yào	[助動]…したい．…する必要がある
7.	常 cháng	[副]いつも		22.	打工 dǎ//gōng	アルバイトをする
8.	做 zuò	[動]する．作る		23.	能 néng	[助動]…できる
9.	参加 cānjiā	[動]参加する		24.	今天 jīntiān	[名]今日
10.	俱乐部 jùlèbù	[名]クラブ		25.	晚上 wǎnshang	[名]夜
11.	活动 huódòng	[名]活動		26.	空儿 kòngr	[名]暇
12.	爱好 àihào	[名・動]趣味．趣味とする		27.	那 nà	[接]それなら
13.	喜欢 xǐhuan	[動]好きだ		28.	点 diǎn	[量]…時
14.	电影 diànyǐng	[名]映画		29.	半 bàn	[名]半

30. 一起 yìqǐ	[副]一緒に		33. 见 jiàn	[動]会う
31. 咱们 zánmen	[人代](話し手聞き手を含む) 私たち		34. 再见 zàijiàn	さようなら
32. 好 hǎo	[形](同意を表し)よろしい. わかりました			

本 文　B-23

教室で、林さんと阿部君、日本人同士の会話です。

林惠：你 一个 星期 有 多少 节 课？
Lín Huì: Nǐ yí ge xīngqī yǒu duōshao jié kè?

阿部亮：有 十二 节 课。
Ābù Liàng: Yǒu shí'èr jié kè.

林惠：下课 后，你 常 做 什么？
Xià kè hòu, nǐ cháng zuò shénme?

阿部亮：参加 俱乐部 活动。 你 有 什么 爱好？
Cānjiā jùlèbù huódòng. Nǐ yǒu shénme àihào?

林惠：我 喜欢 看 电影、 听 音乐。
Wǒ xǐhuan kàn diànyǐng, tīng yīnyuè.

阿部亮：是 吗？ 星期六 我 想 去 看 电影， 你 去 不 去？
Shì ma? Xīngqīliù wǒ xiǎng qù kàn diànyǐng, nǐ qù bu qù?

林惠：对不起， 星期六 我 要 打工， 不 能 去。
Duìbuqǐ, xīngqīliù wǒ yào dǎ gōng, bù néng qù.

阿部亮：今天 晚上 呢？
Jīntiān wǎnshang ne?

林惠：今天 晚上 我 有 空儿， 能 去。
Jīntiān wǎnshang wǒ yǒu kòngr, néng qù.

阿部亮：那 今天 晚上 六 点 半 咱们 一起 去，怎么样？
　　　　Nà jīntiān wǎnshang liù diǎn bàn zánmen yìqǐ qù, zěnmeyàng?

林惠：好，六 点 半 见。
　　　Hǎo, liù diǎn bàn jiàn.

阿部亮：再见！
　　　　Zàijiàn!

文法の要点

1. **時間詞(1)**…時間の表現　　　　　　　　　　　　　　　　→ 第六課 1.

   ▶今日・今週・今月など

早上 zǎoshang	上午 shàngwǔ	中午 zhōngwǔ	下午 xiàwǔ	晚上 wǎnshang
朝	午前	昼ごろ	午後	晩

前天 qiántiān	昨天 zuótiān	今天 jīntiān	明天 míngtiān	后天 hòutiān	＊每天 měitiān
おととい	昨日	今日	明日	あさって	＊毎日

星期一 xīngqīyī	星期二 xīngqī'èr	星期三 xīngqīsān	星期四 xīngqīsì
月曜日	火曜日	水曜日	木曜日
星期五 xīngqīwǔ	星期六 xīngqīliù	星期日（天）xīngqīrì（tiān）	
金曜日	土曜日	日曜日	

上个月 shàng ge yuè	这个月 zhè ge yuè	下个月 xià ge yuè
先月	今月	来月

前年 qiánnián	去年 qùnián	今年 jīnnián	明年 míngnián	后年 hòunián
おととし	去年	今年	来年	さらいねん

   ▶年月日・曜日

什么时候 shénme shíhou	几月 jǐ yuè	一月 yī yuè	二月 èr yuè	三月 sān yuè	四月 sì yuè	五月 …… 十二月 wǔ yuè　　shí'èr yuè
	几号 jǐ hào	一号 yī hào	二号 èr hào	三号 sān hào	四号 sì hào	…… 三十一号 　　sānshiyī hào
	星期几 xīngqījǐ	星期一 xīngqīyī	星期二 xīngqī'èr	星期三 xīngqīsān	星期四 xīngqīsì	…… 星期天 　　xīngqītiān
	一九几几年 yījiǔjǐjǐ nián	一九九四年 yījiǔjiǔsì nián	一九九九年 yījiǔjiǔjiǔ nián			
	哪一年 nǎ yì nián	二〇〇〇年 èrlínglínglíng nián	二〇一三年 èrlíngyīsān nián	二〇一五年 èrlíngyīwǔ nián		

1）今天是星期四吗？　　　　　　　　Jīntiān shì xīngqīsì ma？
　　—今天是星期四。　　　　　　　—Jīntiān shì xīngqīsì.
2）你的生日是什么时候？　　　　　　Nǐ de shēngri shì shénme shíhou？
　　—我的生日是七月十五号。　　　—Wǒ de shēngri shì qī yuè shíwǔ hào.

▶時刻
　　现在几点？Xiànzài jǐ diǎn？
　　1：00　一点 yì diǎn　　2：00　两点 liǎng diǎn　……12：00　十二点 shí'èr diǎn
　　2：05　两点零五分 liǎng diǎn líng wǔ fēn　两点(过)五分 liǎng diǎn (guò) wǔ fēn
　　2：12　两点十二分 liǎng diǎn shí'èr fēn
　　6：15　六点十五分 liù diǎn shíwǔ fēn　六点一刻 liù diǎn yí kè
　　7：30　七点三十分 qī diǎn sānshí fēn　七点半 qī diǎn bàn
　　8：45　八点四十五分 bā diǎn sìshiwǔ fēn　八点三刻 bā diǎn sān kè
　　9：55　九点五十五分 jiǔ diǎn wǔshiwǔ fēn　差五分十点 chà wǔ fēn shí diǎn

　　1）你今天几点下课？　　　　　　　Nǐ jīntiān jǐ diǎn xià kè？
　　　—十二点十分下课。　　　　　—Shí'èr diǎn shí fēn xià kè.
　　2）我晚上六点半打工。　　　　　　Wǒ wǎnshang liù diǎn bàn dǎ gōng.

2. 疑問詞"多少"：ほぼ十以上の数を問い、必ずしも量詞を必要としない。
　　1）你一个星期有多少节课？　　　　Nǐ yí ge xīngqī yǒu duōshao jié kè？
　　　—我一个星期有十二节课。　　—Wǒ yí ge xīngqī yǒu shí'èr jié kè.
　　2）你们班有多少学生？　　　　　　Nǐmen bān yǒu duōshao xuésheng？
　　　—我们班有二十五个学生。　　—Wǒmen bān yǒu èrshiwǔ ge xuésheng.
　　3）这是多少钱？　　　　　　　　　Zhè shì duōshao qián？
　　　—这是三万二千日元。　　　　—Zhè shì sān wàn èr qiān rìyuán.

3. 名詞述語文：時・出身地・金錢の判断文は"是"を省略できる。否定は"不是"。
　　1）今天星期六。　　　　　　　　　Jīntiān xīngqīliù.
　　2）他北京人。　　　　　　　　　　Tā Běijīngrén.
　　3）今天不是星期六。　　　　　　　Jīntiān bú shì xīngqīliù.
　　　（× 今天不星期六）
　　4）他不是北京人。　　　　　　　　Tā bú shì Běijīngrén.
　　　（× 他不北京人）
　　5）今天星期几？　　　　　　　　　Jīntiān xīngqījǐ？
　　6）你爸爸的生日几月几号？　　　　Nǐ bàba de shēngri jǐ yuè jǐ hào？

7) 这支笔多少钱? Zhè zhī bǐ duōshao qián?
   —这支笔十块钱。 —Zhè zhī bǐ shí kuài qián.

4. 一般動詞述語文：動作を伴う動詞述語文。
[肯定] 主語＋動詞＋目的語
　　　　　　（述語）
1) 他去学校。 Tā qù xuéxiào.
2) 我们明天看电影。 Wǒmen míngtiān kàn diànyǐng.

[否定] 主語＋不＋動詞＋目的語　※"不"は意志・未来・習慣の否定
3) 他不听音乐。 Tā bù tīng yīnyuè.
4) 我不吃早饭。 Wǒ bù chī zǎofàn.

[当否疑問] 文末＋吗？
5) 他去学校吗? Tā qù xuéxiào ma?
6) 你买东西吗? Nǐ mǎi dōngxi ma?

[反復疑問]
▶述語部分を「肯定＋否定」の型にする。
7) 她看不看电影? Tā kàn bu kàn diànyǐng?
8) 你吃不吃中国菜? Nǐ chī bu chī zhōngguócài?

5. 動詞"喜欢"：「(…するのが) 好きである／(…が) 好きである」
1) 我喜欢我们大学。 Wǒ xǐhuan wǒmen dàxué.
2) 你喜欢不喜欢看小说? Nǐ xǐhuan bu xǐhuan kàn xiǎoshuō?
3) 我不喜欢游泳，喜欢打网球。 Wǒ bù xǐhuan yóu yǒng, xǐhuan dǎ wǎngqiú.

6. 助動詞"想""要""能"　※能願動詞ともいう。
〔1〕"想"：願望を表す。「…したい」
1) 你想什么时候去中国? Nǐ xiǎng shénme shíhou qù Zhōngguó?
2) 我想吃北京烤鸭。 Wǒ xiǎng chī běijīng kǎoyā.
3) 我不想看电视。 Wǒ bù xiǎng kàn diànshì.

〔2〕"要"

①願望・意志を表す。「…したい／…するつもりである」
[否定] "不想"
1) 你要喝咖啡吗?　　　　　　　Nǐ yào hē kāfēi ma?
   —我不想喝咖啡，我要喝红茶。　—Wǒ bù xiǎng hē kāfēi, wǒ yào hē hóngchá.

②必要を表す。「…する必要がある／…しなければならない」　　→第六課 8.
▶否定は"不用"。「…する必要はない／…するに及ばない」　※"不要"は禁止。
1) 星期天，我要参加俱乐部活动。　Xīngqītiān, wǒ yào cānjiā jùlèbù huódòng.
2) 老师，我们要背这篇课文吗?　　Lǎoshī, wǒmen yào bèi zhè piān kèwén ma?
   —不用。　　　　　　　　　　　—Búyòng.
3) 你们要复习功课。　　　　　　　Nǐmen yào fùxí gōngkè.

〔3〕"能"：可能な条件が具備していることを表す。「…できる」　→第九課 8.〔3〕
1) 小张今天能来吗?　　　　　　　Xiǎo Zhāng jīntiān néng lái ma?
   —小张今天有空儿，能来。　　　—Xiǎo Zhāng jīntiān yǒu kòngr, néng lái.
2) 你下午下课后能来我家吗?　　　Nǐ xiàwǔ xià kè hòu néng lái wǒ jiā ma?
   —我下课后要打工，不能去。　　—Wǒ xià kè hòu yào dǎ gōng, bù néng qù.
3) 星期天上午你能不能去看电影?　Xīngqītiān shàngwǔ nǐ néng bu néng qù kàn diànyǐng?

補充単語　B-24

1.	星期四 xīngqīsì	[名]木曜日		6.	现在 xiànzài	[名]いま
2.	生日 shēngri	[名]誕生日		7.	零 líng	[数]ゼロ
3.	时候 shíhou	[名]時．とき		8.	分 fēn	[量]…分
	什么时候 shénme shíhou	いつ		9.	过 guò	[動]過ぎる
4.	月 yuè	[名]…月		10.	刻 kè	[量]15分
5.	号 hào	[名]…日		11.	差 chà	[動]不足している

12.	钱 qián	[名]お金．金額		27.	网球 wǎngqiú	[名]テニス
13.	万 wàn	[数]万		28.	烤鸭 kǎoyā	[名]ローストダック
14.	千 qiān	[数]千			北京烤鸭 běijīng kǎoyā	[名]ペキンダック
15.	日元 rìyuán	[名]日本円		29.	电视 diànshì	[名]テレビ
16.	星期几 xīngqījǐ	何曜日		30.	咖啡 kāfēi	[名]コーヒー
17.	块 kuài	[量]中国の貨幣の単位．元		31.	红茶 hóngchá	[名]紅茶
18.	明天 míngtiān	[名]明日		32.	星期天 xīngqītiān	[名]日曜日
19.	吃 chī	[動]食べる		33.	不用 búyòng	[副]…する必要はない
20.	早饭 zǎofàn	[名]朝食		34.	背 bèi	[動]暗唱する
21.	买 mǎi	[動]買う		35.	篇 piān	[量]文章を数える単位．…編
22.	东西 dōngxi	[名]物		36.	课文 kèwén	[名]テキストの本文
23.	菜 cài	[名]料理．野菜．食材		37.	复习 fùxí	[動]復習する
	中国菜 zhōngguócài	[名]中国料理		38.	功课 gōngkè	[名]授業．宿題
24.	小说 xiǎoshuō	[名]小説		39.	来 lái	[動]来る
25.	游泳 yóu//yǒng	水泳をする		40.	下午 xiàwǔ	[名]午後
	游 yóu	[動]泳ぐ		41.	上午 shàngwǔ	[名]午前
26.	打 dǎ	[動](球技などを)する		42.	事儿 shìr	[名]用事

練習問題

1. 次の組み合わせ語句の空欄を埋めなさい。

▼日本語	▼ピンイン	▼簡体字
① 授業が終わる		
② 好きである		
③ ごめんなさい		
④ 買い物をする		
⑤ アルバイトをする必要がある		
⑥	jùlèbù huódòng	
⑦	yǒu kòngr	
⑧	yìqǐ lái	
⑨	fùxí gōngkè	
⑩	zàijiàn	
⑪		一个星期
⑫		参加
⑬		六点半
⑭		不能去
⑮		想吃中国菜

2. 置き換え練習
   ① 下课后，你常做什么?
     —我常听音乐。

     参加/俱乐部活动　看/书
     去/图书馆　复习/功课

   ② 你想不想学汉语?
     —我想学汉语。

     喝/咖啡　吃/中国菜
     打/网球　看/电视

   ③ 今天你要去学校吗?
     —今天我不用去学校。

     去/打工　买/东西
     做/作业　背/课文

   ④ 明天你能不能来我家?
     —对不起，明天我要去学校，不能去你家。

     去/游泳　来/打工
     参加/俱乐部活动　看/电影

3. 日本語に合うように、[　]の中の語句を並べ替えなさい。
   ① [你　多少　课　有　一　个　星期　节]
     あなたは一週間に授業が何コマありますか。

     _____

   ② [我　咖啡　红茶　要　想　不　喝　喝　我]
     私はコーヒーを飲みたくありません、紅茶が飲みたいです。

     _____

   ③ [星期天　明天　去　不用　学校　我们]
     明日は日曜日なので、私たちは学校に行く必要がありません。

     _____

   ④ [你　什么时候　看　电影　想]
     あなたはいつ映画を観たいですか。

     _____

   ⑤ [咱们　一起　去　今天　晚上　六点半　怎么样]
     私たち、今晩六時半に一緒に行くのはどうですか。

     _____

4. 中国語に訳しなさい。
　① あなたの趣味はなんですか。

　_____

　② 私は音楽が好きです。

　_____

　③ 授業が終わってから、いつもクラブ活動に参加します。

　_____

　④ 私は一週間に中国語の授業が2コマあります。

　_____

　⑤ 先生、私たちは第5課の本文を暗唱しなければなりませんか。

　_____

5. 中国語の質問と応答　　B-25
　（A）は本文の内容に即して答え、（B）は実情に合わせて答えなさい。
（A）　① 阿部一个星期有多少节课?

　　　② 下课后，阿部常做什么?

　　　③ 星期六晚上阿部想去看电影吗?

　　　④ 林惠有什么爱好?

　　　⑤ 星期六林惠能不能去看电影?

　　　⑥ 今天晚上林惠有没有空儿?

　　　⑦ 阿部和林惠什么时候去看电影?

(B)　⑧ 你一个星期有多少节课？

　　⑨ 你一个星期有几节汉语课？

　　⑩ 你们星期几有汉语课？

　　⑪ 星期天你也要来学校吗？

　　⑫ 下课后，你常做什么？

　　⑬ 你要打工吗？

　　⑭ 你的爱好是什么？

　　⑮ 你喜欢学习汉语吗？

　　⑯ 你想不想吃北京烤鸭？

6.　次の会話文を発音し、さらに日本語に訳しなさい。　B-26

（一）　A：小王，你的爱好是什么？

　　　B：我的爱好是游泳、打网球。你爱好什么？

　　　A：我爱好看小说、听音乐。

　　　B：你喜欢看什么小说？

　　　A：历史小说。

（二）　A：贵子，你一个星期有几节汉语课？

B：有两节汉语课。

A：星期几有汉语课？

B：星期二和星期四。

A：星期六你也要去学校吗？

B：星期六我没有课，不用去学校。

A：那，这个星期六你能来我家吗？

B：这个星期六？星期六上午我有事儿，不能去。下午我没事儿，能去。

A：你下午几点能来？

B：两点。

【参考】

●数詞(2)……数字の読み方

1) 101　　一百零一　　　　yìbǎi líng yī

　　110　　一百一（十）　　yìbǎi yī(shí)

　　1001　 一千零一　　　　yìqiān líng yī

　　1010　 一千零一十　　　yìqiān líng yīshí

　　1100　 一千一（百）　　yìqiān yī(bǎi)

　　11001　一万一千零一　　yíwàn yìqiān líng yī

2) 200　　二百／两百　　　　　　　èrbǎi／liǎngbǎi

　　220　　二百二／两百二（十）　　èrbǎi'èr／liǎngbǎi'èr(shí)

　　2000　 二千／两千　　　　　　　èrqiān／liǎngqiān

　　2002　 二千零二／两千零二　　　èrqiān líng'èr／liǎngqiān líng'èr

　　20000　二万／两万　　　　　　　èrwàn／liǎngwàn

　　22222　二万二千二百二十二　　　èrwàn èrqiān èrbǎi èrshi'èr

　　　　　／两万两千两百二十二　　 liǎngwàn liǎngqiān liǎngbǎi èrshi'èr

●金銭の言い方

　〈単位〉元 yuán　：角 jiǎo　：分 fēn ……　書き言葉

　　　　　块 kuài　：毛 máo　：分 fēn ……　話し言葉

　　　　　100　　　：10　　　：1

　　129元　　一百二十九元（块）　　　　　　yìbǎi èrshijiǔ yuán(kuài)

　　565.40元　五百六十五元（块）四角（毛）　wǔbǎi liùshiwǔ yuán(kuài) sì jiǎo(máo)

第六课　从你家到大学要几个小时？
Dì liù kè　　Cóng nǐ jiā dào dàxué yào jǐ ge xiǎoshí？

学習ポイント▶ 1. 時間詞（2）　2. 時間補語（1）　3. 介詞"在""从""到""离"
　　　　　　　4. 語気助詞"呢"（2）　5. 連動文　6. 疑問詞"怎么"（1）　7. "先…，然后…"
　　　　　　　8. 助動詞"得"　9. 動態助詞"了₁"（1）

📍 新出単語　🎧 B-27

1.	常常 cháng cháng	[副]いつも		16.	骑 qí	[動]（自転車などに）乗る	
2.	在 zài	[介]…で．…に		17.	自行车 zìxíngchē	[名]自転車	
3.	呢 ne	[語助]疑問を表す．…か		18.	到 dào	[動]（目的地に）行く．来る．到着する	
4.	一般 yìbān	[副]大体．ふつう		19.	然后 ránhòu	[接]それから	
5.	离 lí	[介]…から．…より．…まで		20.	坐 zuò	[動]（電車などに）乗る	
6.	远 yuǎn	[形]遠い		21.	电车 diànchē	[名]電車	
7.	比较 bǐjiào	[副]比較的		22.	换 huàn	[動]乗り換える．換える	
8.	从 cóng	[介]…から		23.	车 chē	[名]車	
9.	到 dào	[介]…まで		24.	但是 dànshì	[接]しかし	
10.	要 yào	[動]必要とする．（時間が）かかる		25.	下 xià	[動]下りる	
11.	小时 xiǎoshí	[名]…時間		26.	了 le	[動助]…してから	
12.	左右 zuǒyòu	[名]…ぐらい		27.	得 děi	[助動]…しなければならない	
13.	每天 měitiān	[名]毎日		28.	走 zǒu	[動]歩く．歩む	
14.	怎么 zěnme	[疑代]どうやって		29.	分钟 fēnzhōng	[量]…分間	
15.	先 xiān	[副]先ず					

本 文 B-28

教室で、汪先生が林さんに通学路などについて尋ねています。

汪老师：你　常常　　在　哪儿　学习　呢？
Wāng lǎoshī: Nǐ chángcháng zài nǎr xuéxí ne?

林惠：我　一般　在　家　学习。
Lín Huì: Wǒ yìbān zài jiā xuéxí.

汪老师：你　家　离　学校　远　不　远？
Nǐ jiā lí xuéxiào yuǎn bu yuǎn?

林惠：比较　远。
Bǐjiào yuǎn.

汪老师：从　你　家　到　学校　要　几　个　小时？
Cóng nǐ jiā dào xuéxiào yào jǐ ge xiǎoshí?

林惠：要　一　个　半　小时　左右。
Yào yí ge bàn xiǎoshí zuǒyòu.

汪老师：你　每天　　怎么　来　学校？
Nǐ měitiān zěnme lái xuéxiào?

林惠：先　骑　自行车　到　车站，然后　坐　电车　来　学校。
Xiān qí zìxíngchē dào chēzhàn, ránhòu zuò diànchē lái xuéxiào.

汪老师：要　换　车　吗？
Yào huàn chē ma?

林惠：不用。但是　下了　车，得　走　十五　分钟。
Búyòng. Dànshì xiàle chē, děi zǒu shíwǔ fēnzhōng.

文法の要点

1. **時間詞(2)**

    時間の量

几个小时?	一个半小时
jǐ ge xiǎoshí ?	yí ge bàn xiǎoshí
几个星期?	两个星期
jǐ ge xīngqī ?	liǎng ge xīngqī
几个月?	三个月
jǐ ge yuè ?	sān ge yuè
几分钟?	四分钟
jǐ fēnzhōng ?	sì fēnzhōng
几天?	五天
jǐ tiān ?	wǔ tiān
几年?	六年
jǐ nián ?	liù nián

2. **時間補語(1)**

    動詞+時間補語(+目的語)

    1) 走十五分钟。　　　　　　Zǒu shíwǔ fēnzhōng.
    2) 学习两年。　　　　　　　Xuéxí liǎng nián.
    3) 我每天下午复习一个小时功课。Wǒ měitiān xiàwǔ fùxí yí ge xiǎoshí gōngkè.

3. **介詞"在""从""到""离"**　　※「介詞」は「前置詞」ともいう。

    〔1〕"在"：地点を示す。

    在+場所／時+動詞句：「…で…する」

    1) 我常常在家复习功课。　　Wǒ chángcháng zài jiā fùxí gōngkè.
    2) 他在不在食堂吃午饭?　　Tā zài bu zài shítáng chī wǔfàn ?
    　　—他不在食堂吃午饭。　　—Tā bú zài shítáng chī wǔfàn.
    3) 你在哪儿打工?　　　　　Nǐ zài nǎr dǎ gōng ?

    〔2〕"从"：場所・時の起点を表す。

    从+場所／時+動詞句：「…から…する」

[3] "到"：場所・時の終点を表す。
　　到＋場所／時＋動詞句：「…まで…する」
　　1) 汉语课从九点开始。　　　　Hànyǔ kè cóng jiǔ diǎn kāishǐ.
　　2) 你到哪儿去呢?　　　　　　Nǐ dào nǎr qù ne?
　　3) 从你家到学校要几个小时?　 Cóng nǐ jiā dào xuéxiào yào jǐ ge xiǎoshì?
　　　 —从我家到学校要一个半小时左右。
　　　　　　　　　　　　　　　— Cóng wǒ jiā dào xuéxiào yào yí ge bàn xiǎoshí zuǒyòu.
　　4) 我们从星期一到星期六都要上课。
　　　　　　　　　　　　　　　Wǒmen cóng xīngqīyī dào xīngqīliù dōu yào shàng kè.

[4] "离"：時間・空間の隔たりを表す。形容詞・動詞の状況修飾語となる。
　　离＋場所／時＋形容詞／動詞：「…から…だ」「…まで…する」
　　1) 你家离学校远不远?　　　　Nǐ jiā lí xuéxiào yuǎn bu yuǎn?
　　2) 超市离邮局不远。　　　　　Chāoshì lí yóujú bù yuǎn.
　　3) 我家离车站很近。　　　　　Wǒ jiā lí chēzhàn hěn jìn.
　　4) 离暑假还有一个星期。　　　Lí shǔjià hái yǒu yí ge xīngqī.

4. 語気助詞"呢"(2)
　　疑問詞疑問文の文末に置き、答えを催促するニュアンスを表す。
　　1) 你们在哪儿上汉语课呢?　　Nǐmen zài nǎr shàng Hànyǔ kè ne?
　　2) 汉语课是从几点到几点呢?　Hànyǔ kè shì cóng jǐ diǎn dào jǐ diǎn ne?

5. 連動文：一つの主語に動詞が連なった文。
　　主語＋動詞₁（＋目的語）＋動詞₂（＋目的語）

▶動作が前後して行われる。
　　1) 我回家吃饭。　　　　　　　Wǒ huí jiā chī fàn.

▶動詞₂が動詞₁の目的を表す。
　　2) 你来我家玩儿吧。　　　　　Nǐ lái wǒ jiā wánr ba.
　　3) 他想去超市买东西。　　　　Tā xiǎng qù chāoshì mǎi dōngxi.

▶動詞₁が動詞₂の手段・方式を表す。
　　4) 我每天骑自行车来大学。　　Wǒ měitiān qí zìxíngchē lái dàxué.
　　5) 爸爸坐地铁上班。　　　　　Bàba zuò dìtiě shàng bān.

6. **疑問詞"怎么"(1)**：動作の方法を問う。「どうやって」
    1) 你每天怎么来学校？　　　　Nǐ měitiān zěnme lái xuéxiào ?
    2) 麻婆豆腐怎么做？　　　　　Mápódòufu zěnme zuò ?
    3) 这个字怎么写？　　　　　　Zhè ge zì zěnme xiě ?

7. **"先…, 然后…"**：「まず…して、それから…（する）」
    1) 先骑自行车到车站，然后坐电车来大学。
        　　　　　　　　　　　　Xiān qí zìxíngchē dào chēzhàn, ránhòu zuò diànchē lái dàxué.
    2) 先洗手，然后吃饭。　　　　Xiān xǐ shǒu, ránhòu chī fàn.
    3) 我们先买东西，然后去看电影吧。
        　　　　　　　　　　　　Wǒmen xiān mǎi dōngxi, ránhòu qù kàn diànyǐng ba.

8. **助動詞"得"**：必要を表す。「…する必要がある／しなければならない」
    ▶否定は"不用"。　　　　　　　　　　　　　　　　　　　　→第五課 6.〔2〕②
    1) 从这儿去得走十五分钟。　　Cóng zhèr qù děi zǒu shíwǔ fēnzhōng.
    2) 你得写作业。　　　　　　　Nǐ děi xiě zuòyè.
    3) 明天有考试，晚上我得复习功课。
        　　　　　　　　　　　　Míngtiān yǒu kǎoshì, wǎnshang wǒ děi fùxí gōngkè.
    4) 你得去打工吗？　　　　　　Nǐ děi qù dǎ gōng ma ?
       ―我不用去打工。　　　　　―Wǒ búyòng qù dǎ gōng.

9. **動態助詞"了₁"(1)**：動作の完成・実現を表す"了₁"　　→第八課 2.〔1〕
    動詞＋了₁＋修飾語がつかない目的語、……。：「…してから、…（する）」
    1) 下了车，得走半个小时左右。　Xiàle chē, děi zǒu bàn ge xiǎoshí zuǒyòu.
    2) 他买了菜，就做饭。　　　　　Tā mǎile cài, jiù zuò fàn.

補充単語　B-29

1.	天 tiān	[名]…日	5.	星期一 xīngqīyī	[名]月曜日
2.	年 nián	[名]…年	6.	上 shàng	[動]（授業や仕事に）出る
3.	午饭 wǔfàn	[名]昼食		上课 shàng//kè	授業に出る
4.	开始 kāishǐ	[動]始める	7.	超市 chāoshì	[名]スーパーマーケット

8.	近 jìn	［形］近い		19.	手 shǒu	［名］手
9.	暑假 shǔjià	［名］夏休み		20.	考试 kǎoshì	［名・動］テスト（する）
10.	回 huí	［動］帰る		21.	就 jiù	［副］すぐ
11.	饭 fàn	［名］ごはん		22.	打的 dǎ//dī	タクシーに乗る
12.	玩儿 wánr	［動］遊ぶ		23.	睡 shuì	［動］眠る
13.	地铁 dìtiě	［名］地下鉄			睡觉 shuì//jiào	眠る
14.	上班 shàng//bān	出勤する		24.	银座 Yínzuò	［名］銀座
15.	麻婆豆腐 mápódòufu	［名］マーボトーフ		25.	算 suàn	［動］…とみなす，…といえる
16.	字 zì	［名］字		26.	新宿 Xīnsù	［名］新宿
17.	写 xiě	［動］書く		27.	站 zhàn	［名］駅
18.	洗 xǐ	［動］洗う		28.	等 děng	［動］待つ

練習問題

1. 次の組み合わせ語句の空欄を埋めなさい。

▼日本語	▼ピンイン	▼簡体字
① 夏休み		
② 学校から遠い		
③ どうやって来ますか		
④ 車を乗り換える		
⑤ 10分歩かなければならない		
⑥	měitiān	
⑦	zài jiā xuéxí	
⑧	dào chēzhàn	
⑨	dànshì	
⑩	zuò diànchē	
⑪		常常
⑫		比较近
⑬		骑自行车
⑭		上汉语课
⑮		要几个小时

2. **置き換え練習**

① 你 在 哪儿 学习?
　—我 在 图书馆 学习。

　　打工/超市　　吃 午饭/食堂
　　　　　　　　写 作业/家

② 你家 离 车站 远 不 远?
　—我家 离 车站 很 远。

　　图书馆/食堂　　洗手间/这儿
　　　　　　　　超市/邮局

③ 你 怎么 去?
　—我 坐 电车 去。

　　　　　　　　骑 自行车
　　坐 地铁　　打的

④ 你 什么 时候 回家?
　—我 下 了 课, 就 回家。

　　睡觉/写 作业　　做 饭/买 菜
　　　　　　　　吃 饭/洗 手

3. **日本語に合うように、[　]の中の語句を並べ替えなさい。**

① [我家　学校　离　远　比较]
私の家は学校から比較的遠いです。

_____

② [我们　在　常常　学生　食堂　午饭　吃]
私たちはいつも学生食堂で昼ごはんを食べます。

_____

③ [我家　从　到　学校　地铁　坐　二十分钟　只要]
私の家から学校まで地下鉄で20分しかかかりません。

_____

④ [我　自行车　骑　去　学校　一般]
私はふつう自転車で学校に行きます。

_____

⑤ [今天　我　回　家　做 饭　得]
今日私は家に帰ってご飯を作らなければなりません。

_____

4. 中国語に訳しなさい。
① ここからスーパーまで30分ぐらいかかります。

② 午前10時40分から12時10分まで私たちは中国語の授業に出ます。

③ 私たちは午後いつも図書館で授業の復習をします。

④ 授業が終わったらすぐ家に帰りますか。

⑤ 先ず小説を読んで、それから宿題をしましょう。

5. 中国語の質問と応答　　B-30
　　（A）は本文の内容に即して答え、（B）は実情に合わせて答えなさい。
(A) ① 林惠常常在哪儿学习?

② 林惠家离学校远不远?

③ 从林惠家到学校要几个小时?

④ 林惠每天怎么来学校?

(B) ⑤ 你家离你们大学远不远?

⑥ 你每天怎么来学校?

⑦ 从你家到学校要几个小时?　　得换车吗?

⑧ 你常常在哪儿学习?

⑨ 你下了课就回家吗?

⑩ 晚上你一般在家做什么?

6. 次の会話文を発音し、さらに日本語に訳しなさい。　 B-31

　　A：小张，星期天你有空儿吗?

　　B：有啊，你有什么事儿?

　　A：我想去银座看中国电影。你也去吧。

　　B：好啊。银座离这儿远不远?

　　A：不算太远。但是，得换车。

　　B：我怎么去?

　　A：你先坐电车到新宿，然后在新宿换地铁到银座。

　　B：从我家到银座要几个小时?

　　A：一个小时左右。

　　B：我们几点见面呢?

　　A：你上午十一点能到吗?

B：能。

A：那我十一点在银座站等你。

B：好，那星期天见。

【参考】

● 漢詩　　　　Liáng zhōu cí　　　　　　涼州词

　　　　　　　　　Wáng Hàn　　　　　　　　　王翰

Pú táo měi jiǔ yè guāng bēi,　　葡萄美酒夜光杯，

Yù yǐn pí pá mǎ shàng cuī.　　欲饮琵琶马上催。

Zuì wò shā chǎng jūn mò xiào,　　醉卧沙场君莫笑，

Gǔ lái zhēng zhàn jǐ rén huí.　　古来征战几人回。

[日本語訳]
　　　　　　　　涼州の歌
　　　　　　　　　　　　　　　　　　王　翰

うまい葡萄酒　ギヤマンのコップ、
馬上で弾く琵琶の音しきり。
酔いつぶれようとも所詮砂漠の上、
無作法を笑って下さるな。
いくさに出たら昔から、
無事に生還した者がいく人いるだろうか。

※ "涼州"は今の甘粛省武威県。唐のころは西域節度使が置かれ、西域経営の要所であった。"葡萄"も"夜光杯（ギヤマン＝ガラスの古称）"も"琵琶"もみな西域からもたらされたもの。

105

第七课 上海比东京凉快吧。

Dì qī kè　　Shànghǎi bǐ Dōngjīng liángkuai ba.

学習ポイント ▶ 1. 語気助詞 "了₂"（1）　2. 将然態 "快…了"　3. 多＋形容詞　4. 時間補語（2）
　　　　　　　 5. 数量補語 "一点儿"　6. 比較の表現　7. 動態助詞 "过"　8. 動量補語
　　　　　　　 9. 動詞 "打算"　10. 介詞 "跟"

新出単語　B-32

1.	上海 Shànghǎi	[名]上海	10.	凉快 liángkuai	[形]涼しい
2.	长 cháng	[形]長い	11.	差不多 chàbuduō	[形] ほとんど同じだ.
3.	了 le	[語助]状況の変化を表す	12.	过 guo	[動助]…したことがある
4.	快 kuài	[副]まもなく. もうすぐ	13.	次 cì	[量]…回
	快…了 kuài…le	もうすぐ…になる	14.	没（有） méi (yǒu)	[副]（…したことが）ない. …しなかった. …していない
5.	习惯 xíguàn	[動]慣れる	15.	打算 dǎsuan	[動]…するつもりである
6.	生活 shēnghuó	[名]生活. 暮らし	16.	旅游 lǚyóu	[動]旅行する
7.	已经 yǐjing	[副]すでに	17.	跟 gēn	[介]…と. …のあとについて
8.	一点儿 yìdiǎnr	少し	18.	一块儿 yíkuàir	[副]一緒に
9.	比 bǐ	[介]…より	19.	真的 zhēn de	[副]本当である

本文 B-33

教室で、上海出身の汪先生と夏休みに上海に行く予定の林恵さんの会話です。

林恵：汪 老师，您 老家 在 哪儿？
Lín Huì：Wāng lǎoshī, nín lǎojiā zài nǎr?

汪老师：我 老家 在 上海。
Wāng lǎoshī：Wǒ lǎojiā zài Shànghǎi.

林恵：您 来 东京 多 长 时间 了？
　　　Nín lái Dōngjīng duō cháng shíjiān le?

汪老师：我 来 东京 快 一 年 了。
　　　　Wǒ lái Dōngjīng kuài yì nián le.

林恵：习惯 东京 的 生活 了 吗？
　　　Xíguàn Dōngjīng de shēnghuó le ma?

汪老师：已经 习惯 一点儿 了。
　　　　Yǐjing xíguàn yìdiǎnr le.

林恵：上海 比 东京 凉快 吧。
　　　Shànghǎi bǐ Dōngjīng liángkuai ba.

汪老师：差不多。你 去过 中国 吗？
　　　　Chàbuduō. Nǐ qùguo Zhōngguó ma?

林恵：我 去过 一 次 北京，但是 没 去过 上海。
　　　Wǒ qùguo yí cì Běijīng, dànshì méi qùguo Shànghǎi.

　　　我 打算 暑假 去 上海 旅游。
　　　Wǒ dǎsuan shǔjià qù Shànghǎi lǚyóu.

汪老师：那 你 跟 我 一块儿 去 吧。
　　　　Nà nǐ gēn wǒ yíkuàir qù ba.

林恵：真 的？太 好 了。
　　　Zhēn de? Tài hǎo le.

📍 文法の要点

1. **語気助詞"了₂"(1)**：文末に置かれる。
   新たな事態の発生・状況の変化を認める気持ちを表す。

   ［肯定］ 文末＋了₂
   　我习惯东京的生活了。　　　　　　Wǒ xíguàn Dōngjīng de shēnghuó le.

   ［否定］ 没(有)…。　　※"了"を置かない。
   　我还没(有)习惯东京的生活。　　　Wǒ hái méi(yǒu) xíguàn Dōngjīng de shēnghuó.
   　（× 我没有习惯东京的生活了。）

   ［疑問］ 文末＋了₂吗？／文末＋了₂没有？
   　你习惯北京的生活了吗？　　　　　Nǐ xíguàn Běijīng de shēnghuó le ma?
   　你习惯北京的生活了没有？　　　　Nǐ xíguàn Běijīng de shēnghuó le méiyǒu?

   1) 天热了。　　　　　　　　　　　Tiān rè le.
   2) 明天星期天了。　　　　　　　　Míngtiān xīngqītiān le.
   3) 你今年多大了？　　　　　　　　Nǐ jīnnián duō dà le?
   　　—我今年二十岁了。　　　　　　—Wǒ jīnnián èrshí suì le.
   4) 他去中国了吗？　　　　　　　　Tā qù Zhōngguó le ma?
   　　—他没有去中国。　　　　　　　—Tā méiyǒu qù Zhōngguó.
   5) 你儿子有女朋友了没有？　　　　Nǐ érzi yǒu nǚpéngyou le méiyǒu?
   　　—我儿子还没有女朋友。　　　　—Wǒ érzi hái méiyǒu nǚpéngyou.

   不…了。
   6) 我不想学了。　　　　　　　　　Wǒ bù xiǎng xué le.
   7) 现在我不住这儿了。　　　　　　Xiànzài wǒ bú zhù zhèr le.
   8) 我暑假不去上海旅游了。　　　　Wǒ shǔjià bú qù Shànghǎi lǚyóu le.

2. **将然態**：事態がまもなく発生することを表す。「もうすぐ…になる／…しそうだ」
   快 kuài……了。
   要 yào……了。
   就要 jiù yào……了。
   快要 kuài yào……了。

1) 快十点了，我得回家了。　　　Kuài shí diǎn le, wǒ děi huí jiā le.
2) 飞机要起飞了。　　　　　　　Fēijī yào qǐfēi le.
3) 春节就要到了。　　　　　　　Chūnjié jiù yào dào le.
4) 快要考试了。　　　　　　　　Kuài yào kǎoshì le.

3. "多"＋形容詞？：数量・程度を問う。「どれくらい…か」
   1) 你（有）多高？　　　　　　　Nǐ (yǒu) duō gāo？
   2) 饭店离这儿（有）多远？　　　Fàndiàn lí zhèr (yǒu) duō yuǎn？
   3) 从你家到大学要多长时间？　　Cóng nǐ jiā dào dàxué yào duō cháng shíjiān？

4. **時間補語(2)** 　　　　　　　　　　　　　　　　　　　　→第六課 2.
   経過時間："来，到"などのように瞬間的な動作が終わってから経過した時間。
   1) 我来东京快一年了。　　　　　Wǒ lái Dōngjīng kuài yì nián le.
   2) 他到这儿两天了。　　　　　　Tā dào zhèr liǎng tiān le.
   3) 飞机已经起飞半个小时了。　　Fēijī yǐjing qǐfēi bàn ge xiǎoshí le.
   （× 我学汉语半年了。）

5. **数量補語"一点儿"**：「すこし」
   形容詞／動詞＋(一)点儿　　　※"一"は省略できる。
   1) 我已经习惯一点儿了。　　　　Wǒ yǐjing xíguàn yìdiǎnr le.
   2) 今天凉快一点儿了。　　　　　Jīntiān liángkuai yìdiǎnr le.
   3) 我想买点儿东西。　　　　　　Wǒ xiǎng mǎi diǎnr dōngxi.

6. 比較の表現"比""没有…""跟…差不多"
〔1〕**介詞"比"**：比較を表す。
   A 比 B 形容詞構造：「AはBより…だ」
   1) 京都比东京闷热吗？　　　　　Jīngdū bǐ Dōngjīng mēnrè ma？
   2) 我比他高一点儿。　　　　　　Wǒ bǐ tā gāo yìdiǎnr.
   3) 我的手机比他的便宜得多。　　Wǒ de shǒujī bǐ tā de piányi de duō.
   4) 我比弟弟大两岁。　　　　　　Wǒ bǐ dìdi dà liǎng suì.
   5) 这件大衣比那件更好看。　　　Zhè jiàn dàyī bǐ nà jiàn gèng hǎokàn.
   （× 这件大衣比那件很好看。）

〔2〕 "没有…"：比較の否定を表す。

　　A 没有 B 形容詞 ：「A は B ほど…ない」
　　1）她没有她姐姐漂亮。　　　　Tā méiyǒu tā jiějie piàoliang.
　　2）日语的发音没有汉语难。　　Rìyǔ de fāyīn méiyǒu Hànyǔ nán.

〔3〕 "跟…差不多／一样"：同じ程度であることを表す。

　　A 跟 B 差不多／一样 ：「A は B と大体同じ／同じだ」
　　A 跟 B 差不多／一样＋形容詞構造 ：「A は B と大体同じ…だ／同じくらい…だ」
　　1）这个汉字的发音跟那个汉字的发音一样。
　　　　　　　　　　　　　　　　Zhè ge hànzì de fāyīn gēn nà ge hànzì de fāyīn yíyàng.
　　2）今天的天气跟昨天差不多。　Jīntiān de tiānqì gēn zuótiān chàbuduō.
　　3）妹妹的房间跟弟弟的房间差不多大。
　　　　　　　　　　　　　　　　Mèimei de fángjiān gēn dìdi de fángjiān chàbuduō dà.
　　4）啤酒跟日本酒一样好喝。　　Píjiǔ gēn rìběnjiǔ yíyàng hǎohē.

7．動態助詞 "过"：経験を表す。

［肯定］ 動詞＋过（＋目的語） ：「…したことがある」
　　1）我去过中国。　　　　　　　Wǒ qùguo Zhōngguó.
　　2）我喝过日本酒。　　　　　　Wǒ hēguo rìběnjiǔ.

［否定］ 没(有)＋動詞＋过（＋目的語）
　　3）我没有去过法国。　　　　　Wǒ méiyǒu qùguo Fǎguó.
　　4）我没爬过富士山。　　　　　Wǒ méi páguo Fùshìshān.

▶当否疑問は文末に "吗" を置く。
　　5）你吃过北京烤鸭吗？　　　　Nǐ chīguo běijīng kǎoyā ma？
　　　　—吃过。／—没吃过。　　　—Chīguo. ／—Méi chīguo.
　　6）你见过那个人吗？　　　　　Nǐ jiànguo nà ge rén ma？

▶反復疑問は文末に "没有" を置く。
　　7）你读过巴金的小说没有？　　Nǐ dúguo Bājīn de xiǎoshuō méiyǒu？
　　　　—读过，我读过巴金的小说。—Dúguo, wǒ dúguo Bājīn de xiǎoshuō.
　　8）你看过中国电影没有？　　　Nǐ kànguo Zhōngguó diànyǐng méiyǒu？
　　　　—没有，我没看过中国电影。—Méiyǒu, wǒ méi kànguo Zhōngguó diànyǐng.

8. **動量補語**：動詞の後ろに置き、動作・行為の回数を表す。

   動詞＋動量補語（＋目的語）

   1) 我去过一次北京。　　　　　Wǒ qùguo yí cì Běijīng.
   2) 我喝过两次日本酒。　　　　Wǒ hēguo liǎng cì rìběnjiǔ.
   3) 这些生词，你们要念五遍。　Zhè xiē shēngcí, nǐmen yào niàn wǔ biàn.

9. **動詞"打算"**：意向や予定を表す。「…するつもりだ／…する予定である」
   ▶動詞や動詞句を目的語にとることができる。

   1) 你打算去北京吗？　　　　　Nǐ dǎsuan qù Běijīng ma？
   2) 我们打算在那儿呆三天。　　Wǒmen dǎsuan zài nàr dāi sān tiān.
   3) 我不打算去中国短期留学。　Wǒ bù dǎsuan qù Zhōngguó duǎnqī liúxué.

10. **介詞"跟"**：動作の協同対象を導く。「…と」
    ▶介詞 "和" と置き換え可能。

    1) 我打算跟家人一起去旅行。　Wǒ dǎsuan gēn jiārén yìqǐ qù lǚxíng.
    2) 你不跟他打乒乓球吗？　　　Nǐ bù gēn tā dǎ pīngpāngqiú ma？
    3) 今天我得打工，不能跟你一块儿玩儿。

    　　　　　　　　　　　　　　Jīntiān wǒ děi dǎ gōng, bù néng gēn nǐ yíkuàir wánr.

補充単語　B-34

1.	热 rè	[形]暑い．熱い	9.	高 gāo	[形]高い
2.	儿子 érzi	[名]息子	10.	饭店 fàndiàn	[名]ホテル．レストラン
3.	学 xué	[動]学ぶ	11.	京都 Jīngdū	[名]京都
4.	住 zhù	[動]住む．泊まる	12.	闷热 mēnrè	[形]蒸し暑い
5.	要…了 yào…le	もうすぐ…になる	13.	得多 de duō	[形+得多]ずっと…だ
6.	飞机 fēijī	[名]飛行機	14.	便宜 piányi	[形]（値段が）安い
7.	起飞 qǐfēi	[動]（飛行機が）離陸する	15.	大衣 dàyī	[名]コート
8.	春节 Chūnjié	[名]春節．中国の旧正月	16.	更 gèng	[副]さらに

17.	好看 hǎokàn	[形]	きれいだ
18.	发音 fāyīn	[名]	発音
19.	汉字 hànzì	[名]	漢字
20.	一样 yíyàng	[形]	同じである
21.	昨天 zuótiān	[名]	昨日
22.	啤酒 píjiǔ	[名]	ビール
23.	日本酒 rìběnjiǔ	[名]	日本酒
24.	好喝 hǎohē	[形]	（飲んで）美味しい
25.	法国 Fǎguó	[名]	フランス
26.	爬 pá	[動]	登る
27.	富士山 Fùshìshān	[名]	富士山
28.	读 dú	[動]	読む
29.	巴金 Bājīn	[名]	巴金（パキン）．中国の近代作家名
30.	生词 shēngcí	[名]	新出単語
31.	念 niàn	[動]	声を出して読む．朗読する
32.	遍 biàn	[量]	動作の全過程を数える単位．…へん．…回
33.	呆 dāi	[動]	滞在する
34.	短期 duǎnqī	[名]	短期
35.	留学 liúxué	[動]	留学する
36.	家人 jiārén	[名]	家族
37.	旅行 lǚxíng	[動]	旅行する
38.	乒乓球 pīngpāngqiú	[名]	卓球
	还 hái	[副]	まだ

＊「新出単語」「補充単語」に番号のない単語はCDに収録されてません。

練習問題

1. 次の組み合わせ語句の空欄を埋めなさい。

▼日本語	▼ピンイン	▼簡体字
① 少し慣れました		
② 旅行に行くつもりです		
③ どのくらい滞在しますか		
④ あの人に会ったことがない		
⑤ 新出単語を一通り音読する		
⑥	chàbuduō	
⑦	gēn wǒ yíkuàir wánr	
⑧	jiārén	
⑨	píjiǔ hěn hǎohē	
⑩	fāyīn yíyàng	
⑪		已经
⑫		快一年了
⑬		比东京凉快
⑭		去过一次北京
⑮		短期留学

2. 置き換え練習

① 上海 比 东京 凉快 吧。
— 上海 没有 东京 凉快。

　　李丽 的 成绩 / 他 的 成绩 / 好
　　这 件 大衣 / 那 件 大衣 / 便宜

② 你 去 过 中国 没有?
— 我 没有 去 过 中国, 但是 去 过 韩国。

　　吃 / 北京烤鸭 / 麻婆豆腐
　　学 / 汉语 / 英语　　打 / 网球 / 乒乓球

③ 你 打算 明天 做 什么?
— 我 打算 去 游泳。

　　在 家 学习　　看 电影
　　　　参加 俱乐部 活动

④ 你 跟 谁 一块儿 去?
— 我 跟 家人 一块儿 去。

　　打 网球 / 林惠　　吃 饭 / 朋友
　　　　　　　　　　旅游 / 同学

3. 日本語に合うように、[　]の中の語句を並べ替えなさい。

① [我　中国　来　半年　快　了]
私は中国に来てもうすぐ半年になります。

_____

② [他　还　北京　的　生活　习惯　没有]
彼はまだ北京の生活に慣れていません。

_____

③ [妹妹　我　比　一点儿　高]
私は妹より少し背が高い。

_____

④ [我　北京饭店　在　三天　住过]
私は北京飯店に3日間泊まったことがあります。

_____

⑤ [妈妈　爸爸　跟　一样　大]
母は父と同じ年齢です。

_____

4. 中国語に訳しなさい。（漢字とピンインを併記すること）

① このパソコンはあのパソコンよりずっと安いです。

② 私はまだ中国の映画を観たことがありません。

③ 富士山の高さはどのぐらいですか。

④ もうすぐ12時なので、私は帰らなくてはなりません。

⑤ 毎日中国語を1時間勉強するつもりです。

5. 中国語の質問と応答　　B-35
（A）は本文の内容に即して答え、（B）は実情に合わせて答えなさい。

(A) ① 汪老师的老家在哪儿?

② 汪老师来东京多长时间了?

③ 汪老师已经习惯东京的生活了吗?

④ 上海比东京凉快吗?

⑤ 林惠去过中国没有?

⑥ 林惠打算暑假做什么?

⑦ 林惠跟谁一块儿去上海?

(B) ⑧ 你去过中国吗?

⑨ 你打算这个星期天做什么?

⑩ 你常常跟谁一块儿去买东西?

6. 次の会話文を発音し、さらに日本語に訳しなさい。　　B-36

(一)　A:中田同学,你哪儿人?

B:我京都人。

A:京都比东京凉快得多吧。

B:不,京都比东京更闷热。你老家怎么样?

A:我老家还算凉快。

B:你来东京多长时间了?

A:我来东京快半年了。

B:那还没有习惯东京的生活吧?

A:已经习惯一点儿了。

（二）　A：暑假快要到了。

B：是啊，离暑假只有一个星期了。

A：暑假你想去哪儿玩儿呢?

B：我打算去上海短期留学。

A：你打算怎么去?

B：坐飞机去。

A：从东京到上海坐飞机要多长时间?

B：只要三个半小时左右。

A：真的? 那不算太远啊。

第八课 你学了几年汉语了？
Dì bā kè　　Nǐ xué le jǐ nián Hànyǔ le?

学習ポイント ▶ 1. 様態補語　2. 動態助詞"了₁"と語気助詞"了₂"（2）
　　　　　　　3."了₁"と"了₂"と時間補語　4. 選択疑問文"还是"　5. 結果補語
　　　　　　　6."对…感兴趣"　7. 語気助詞"吧"（2）

新出単語　B-37

1.	说 shuō	[動]話す		11.	不过 búguò	[接]でも
2.	得 de	[構助]後ろに様態補語を導く		12.	好 hǎo	[動+好]動作がきちんと完了することを表す
3.	哪里哪里 nǎli nǎli	いえいえ		13.	为什么 wèi shénme	なぜ
4.	差得远 chàde yuǎn	まだまだです		14.	因为 yīnwèi	[接]なぜならば
5.	呢 ne	[語助]誇張の語気を表す		15.	对 duì	[介]…に対して
6.	以前 yǐqián	[名]以前		16.	感 gǎn	[動]感じる
7.	了 le	[動助]完了を表す．…した		17.	兴趣 xìngqù	[名]興味
8.	觉得 juéde	[動]…と思う．…と感じる			对…感兴趣 duì…gǎn xìngqù	…に興味を持っている
9.	还是 háishi	[接]それとも		18.	文化 wénhuà	[名]文化
10.	多了 duō le	[形+多了]ずっと…だ				

本文　B-38

教室で、汪先生が阿部君に中国語学習について尋ねています。

汪老师：你　汉语　说得　真　不错　呀！
Wāng lǎoshī: Nǐ Hànyǔ shuōde zhēn búcuò ya!

阿部亮：哪里　哪里，还　差得　远　呢。
Ābù Liàng: Nǎli nǎli, hái chàde yuǎn ne.

汪老师：你　以前　学过　汉语　吧。
Nǐ yǐqián xuéguo Hànyǔ ba.

阿部亮：对。　学过　一点儿。
Duì. Xuéguo yìdiǎnr.

汪老师：你　学了　几　年　汉语　了？
Nǐ xuéle jǐ nián Hànyǔ le?

阿部亮：我　学了　一　年　半　汉语　了。
Wǒ xuéle yì nián bàn Hànyǔ le.

汪老师：你　觉得　汉语　难　还是　英语　难？
Nǐ juéde Hànyǔ nán háishi Yīngyǔ nán?

阿部亮：我　觉得　汉语　难　多　了。不过　我　想　学好　汉语。
Wǒ juéde Hànyǔ nán duō le. Búguò wǒ xiǎng xuéhǎo Hànyǔ.

汪老师：你　为什么　要　学　汉语　呢？
Nǐ wèi shénme yào xué Hànyǔ ne?

阿部亮：因为　我　对　中国　文化　感　兴趣。
Yīnwèi wǒ duì Zhōngguó wénhuà gǎn xìngqù.

📍 文法の要点

1. 様態補語：動作の状態や程度を説明する。

［肯定］ 動詞＋得＋様態補語(形容詞など) ：「…するのが…だ」

   1) 阿部走得快。　　　　　　　Ābù zǒude kuài.
   2) 阿部跑得很快。　　　　　　Ābù pǎode hěn kuài.

［否定］
▶様態補語の前に"不"を置く。
   3) 他走得不快。　　　　　　　Tā zǒude bú kuài.

［疑問］
▶反復疑問は「肯定＋否定」にする。
   4) 阿部走得快吗?　　　　　　Ābù zǒude kuài ma ?
   5) 他跑得快不快?　　　　　　Tā pǎode kuài bu kuài ?

▶目的語を伴う場合。

動詞＋目的語＋同じ動詞＋得＋様態補語

   6) 她说汉语说得很清楚。　　　Tā shuō Hànyǔ shuōde hěn qīngchu.
   7) 她跳舞跳得不好。　　　　　Tā tiào wǔ tiàode bù hǎo.
   8) 你游泳游得真不错。　　　　Nǐ yóu yǒng yóude zhēn búcuò.

▶目的語の前の動詞は省ける。

目的語＋動詞＋得＋様態補語

   9) 他汉语说得很流利。　　　　Tā Hànyǔ shuōde hěn liúlì.
 10) 他棒球打得好不好?　　　　Tā bàngqiú dǎde hǎo bu hǎo ?
    —很好。/不好。/不太好。　—Hěn hǎo. / Bù hǎo. / Bú tài hǎo.
 11) 他话说得快不快?　　　　　Tā huà shuōde kuài bu kuài ?

2. 動態助詞"了₁"と語気助詞"了₂"(2)

［1］**動態助詞"了₁"(2)**：動作の完了・実現を表す。「…した」　　　　→第六課 9.

［肯定］ 動詞＋了₁＋修飾語＋目的語

   1) 我买了一本小说。　　　　　Wǒ mǎile yì běn xiǎoshuō.
   2) 他吃了三个面包。　　　　　Tā chīle sān ge miànbāo.

［否定］
▶"了"をとり"没(有)"で否定。
    3) 我没有看今天的报。   Wǒ méiyǒu kàn jīntiān de bào.
    4) 我还没有写作业。   Wǒ hái méiyǒu xiě zuòyè.

［疑問］　動詞＋了₁（＋目的語）＋吗？ ／ 動詞＋了₁（＋目的語）＋没有？
▶反復疑問は文末に"没有"を置く。
    5) 她看了今天的报吗？   Tā kànle jīntiān de bào ma？
    6) 你喝了可乐没有？   Nǐ hē le kělè méiyǒu？

▶"了₁"の後に修飾語がない目的語の場合、文は終結しない。
    7) 我买了衣服就回家。   Wǒ mǎile yīfu jiù huí jiā.

〔2〕語気助詞"了₂"(2)　　　　　　　　　　　　　　　　　　　→第七課 1.
  目的語に修飾語がない場合は文末に"了₂"を置いて文を終結させる。
    動詞＋了₁＋目的語＋了₂
    1) 我买了电子词典了。   Wǒ mǎile diànzǐ cídiǎn le.
    動詞＋目的語＋了₂
    2) 你买什么了？   Nǐ mǎi shénme le？
    3) 我买电子词典了。   Wǒ mǎi diànzǐ cídiǎn le.

▶連動文の場合は動詞₂の後ろに"了"を置く。
    4) 我去书店买了两本小说。   Wǒ qù shūdiàn mǎile liǎng běn xiǎoshuō.
    5) 昨天他来我家玩儿了。   Zuótiān tā lái wǒ jiā wánr le.
    （×昨天他来了我家玩儿。）

▶恒常的・習慣的な行為について述べるときは"了"をつけない。
    6) 以前我常常去那儿玩儿。   Yǐqián wǒ chángcháng qù nàr wánr.
    （×以前我常常去那儿玩儿了。）

3. "了₁"と"了₂"と時間補語

動作が既に完了

  動詞+了₁+時間補語(+目的語)

  1) 他学了两年。　　　　　　　　Tā xuéle liǎng nián.
  2) 我学了两年汉语。　　　　　　Wǒ xuéle liǎng nián Hànyǔ.

動作が今後も継続可能

  動詞+了₁+時間補語(+目的語)+了₂

  3) 我们学了两年汉语了。　　　　Wǒmen xuéle liǎng nián Hànyǔ le.
  4) 我今天上了两节课了，下午还要上一节。
  　　　　　　　　　　　　　　　Wǒ jīntiān shàngle liǎng jié kè le, xiàwǔ hái yào shàng yì jié.
  5) 他学汉语学了两年了。　　　　Tā xué Hànyǔ xuéle liǎng nián le.

4. 選択疑問文"还是"

  A还是B？ :「AですかそれともBですか」

  1) 汉语难还是英语难？　　　　　Hànyǔ nán háishi Yīngyǔ nán？
  2) 你喜欢打网球还是喜欢打棒球？　Nǐ xǐhuan dǎ wǎngqiú háishi xǐhuan dǎ bàngqiú？
  3) 你上午来还是下午来？　　　　Nǐ shàngwǔ lái háishi xiàwǔ lái？
  4) 你坐飞机去还是坐高铁去？　　Nǐ zuò fēijī qù háishi zuò gāotiě qù？
  5) 意大利面好吃还是咖喱饭好吃？　Yìdàlìmiàn hǎochī háishi gālífàn hǎochī？

5. 結果補語:動作・行為の結果がどうなったかを説明する。

[肯定] 動詞+結果補語

〈動詞〉
  1) 我听懂了。　　　　　　Wǒ tīngdǒng le.　　　　　　听懂（聞いて分かる）
  2) 我们已经学完了第八课。　Wǒmen yǐjing xuéwánle dì bā kè.　学完（学び終わる）
  3) 我买到了下星期的机票。
  　　　　　　　　　　　　Wǒ mǎidàole xià xīngqī de jīpiào.　买到（目標到達→買える）

〈形容詞〉
  4) 我要学好汉语。　　　　Wǒ yào xuéhǎo Hànyǔ.　　　学好（きちんと学ぶ→マスターする）
  5) 老师说错了我的名字。　Lǎoshī shuōcuòle wǒ de míngzi.　说错（言い間違える）

▶否定は"没(有)"を用いる。
  6) 我没有买到下星期的机票。　Wǒ méiyǒu mǎidào xià xīngqī de jīpiào.
  7) 我还没有复习好功课。　　　Wǒ hái méiyǒu fùxíhǎo gōngkè.

▶当否疑問は文末に"吗"を置き、反復疑問は文末に"没有"を置く。
  8)　你想学好汉语吗？   Nǐ xiǎng xuéhǎo Hànyǔ ma?
  9)　今天的报你看完了没有？ Jīntiān de bào nǐ kànwánle méiyǒu?

6. "对…感兴趣"：「…に興味をもつ／…に興味がある」
  1)　你对什么感兴趣？   Nǐ duì shénme gǎn xìngqù?
  　　—我对中国文化感兴趣。 —Wǒ duì Zhōngguó wénhuà gǎn xìngqù.
  2)　他对动漫感不感兴趣？ Tā duì dòngmàn gǎn bu gǎn xìngqù?
  　　—他对动漫不感兴趣。 —Tā duì dòngmàn bù gǎn xìngqù.

7. 語気助詞"吧"(2)：推測・軽い命令・提案の語気を表す。 →第二課 5.
  「…でしょう／…しなさいよ／…しましょうよ」
  1)　你以前学过汉语吧。   Nǐ yǐqián xuéguo Hànyǔ ba.
  2)　我们去唱卡拉 OK 吧。 Wǒmen qù chàng kǎlā ōukèi ba.
  3)　你快回答吧。   Nǐ kuài huídá ba.

補充単語　B-39

1.	快 kuài	[形]速い [副]速く		9.	面包 miànbāo	[名]パン
2.	跑 pǎo	[動]走る		10.	报 bào	[名]新聞
3.	清楚 qīngchu	[形]はっきりしている		11.	可乐 kělè	[名]コーラ
4.	跳 tiào	[動](ダンスを)する		12.	高铁 gāotiě	[名]高速鉄道
5.	舞 wǔ	[名]ダンス		13.	意大利面 yìdàlìmiàn	[名]スパゲティー
	跳舞 tiào//wǔ	ダンスをする．踊る		14.	咖喱饭 gālífàn	[名]カレーライス
6.	流利 liúlì	[形]流暢だ		15.	好吃 hǎochī	[形]美味しい
7.	棒球 bàngqiú	[名]野球		16.	懂 dǒng	[動]分かる．理解する
8.	话 huà	[名]話し		17.	完 wán	[動]終わる

18.	到 dào	[動+到] 目的達成を表す		杯 bēi	[量]…杯
19.	下星期 xià xīngqī	[名] 来週	25.	有意思 yǒu yìsi	[形] おもしろい
20.	错 cuò	[形] まちがえる	26.	教 jiāo	[動] 教える
21.	机票 jīpiào	[名] 航空券	27.	认真 rènzhēn	[形] まじめである
22.	动漫 dòngmàn	[名] アニメーション	28.	努力 nǔlì	[形] 努力する
23.	卡拉OK kǎlā ōukèi	[名] カラオケ	29.	怪不得 guàibude	道理で
24.	回答 huídá	[動] 答える	30.	这么 zhème	[指代] こんなに

練習問題

1. 次の組み合わせ語句の空欄を埋めなさい。

▼日本語	▼ピンイン	▼簡体字
① なぜ		
② コーラ		
③ なぜならば		
④ 言い間違える		
⑤ いえいえ、まだまだです		
⑥	búguò	
⑦	juéde	
⑧	tīngdǒng	
⑨	yǒu yìsi	
⑩	xuéhǎo Hànyǔ	
⑪		还是
⑫		清楚
⑬		怪不得
⑭		跳舞
⑮		对文化感兴趣

2. 置き換え練習

① 他 说 汉语 说 得 怎么样?
—他 说 汉语 说 得 很 流利。

打 棒球 / 打 / 漂亮
跳 舞 / 跳 / 不错　　游泳 / 游 / 快

② 你 学 了 多长 时间 汉语 了?
—我 学 了 半年 汉语 了。

打 / 网球 / 三十 分钟
看 / 报 / 一 个 半 小时　　坐 / 飞机 / 半 天

③ 昨天 你 买 了 几 件 衣服?
—我 买 了 两 件 衣服。

上 / 节 / 课　　喝 / 杯 / 茶　　看 / 本 / 小说

④ 你 觉得 汉语 难 还是 英语 难?
—我 觉得 汉语 难。

坐 飞机 去 / 坐 高铁 去 / 快
这 本 书 / 那 本 书 / 有意思
意大利面 / 咖喱饭 / 好吃

⑤ 你 对 什么 感 兴趣?
—我 对 中国 文化 感 兴趣。

音乐　　文学
历史　　日本动漫

⑥ 你 为什么 要 学 汉语 呢?
—因为 我 对 中国 文化 感兴趣。

想 去 中国 旅行
喜欢 汉字　　有 中国 朋友

3. 日本語に合うように、[　]の中の語句を並べ替えなさい。

① [汉语　了　你　学　了　几　年]
あなたは何年中国語を学んでいるのですか。

② [你　说　汉语　得　真　漂亮]
あなたの中国語（の話し方）は本当にきれいですね。

③ [你　好吃　意大利面　好吃　咖喱饭　还是　觉得]
あなたはスパゲティーが美味しい、それともカレーライスが美味しいと思いますか。

④ [我　看完　已经　小说　那本　了]
私はもうあの小説を読み終えました。

⑤ [我　动漫　对　感兴趣　不　太]
私はアニメに余り興味をもっていません。

4. 中国語に訳しなさい。
① 彼はテニスがとても上手です。

② 英語は中国語よりずっと難しいと思います。

③ あなたはコーラが好きですか、それとも紅茶が好きですか。

④ 私はまだ宿題をやり終えていません。

⑤ 昨日私は李麗さんと一緒に汪先生の家に遊びに行きました。

5. 中国語の質問と応答　B-40
（A）は本文の内容に即して答え、（B）は実情に合わせて答えなさい。
(A) ① 阿部汉语说得怎么样?

② 他以前学过汉语吗?

③ 阿部学了几年汉语了?

④ 阿部觉得汉语难还是英语难?

⑤ 阿部想不想学好汉语?

⑥ 阿部为什么要学汉语呢?

(B) ⑦ 你学汉语学了多长时间了?

⑧ 你汉语说得怎么样?

⑨ 你们的汉语老师是中国人还是日本人?

⑩ 中国老师说日语说得流利不流利?

⑪ 中国老师来日本多长时间了?

⑫ 你为什么学汉语呢?

⑬ 你觉得汉语有意思吗?

6. 次の会話文を発音し、さらに日本語に訳しなさい。　B-41

B：大明，你的日语说得真不错呀。

A：哪里哪里，还差得远呢。

B：你来日本多长时间了?

A：快一年了。

B：你为什么来日本留学呢?

A：因为我对日本的动漫感兴趣。你学了几年汉语了?

B：我学了一年半了。

A：你觉得汉语怎么样？

_____

B：我觉得汉语比日语难多了。不过，我想学好汉语。

_____

A：老师教得怎么样？

_____

B：我们的老师都教得很认真，我们也学得很努力。

_____

A：怪不得你汉语说得这么好。

_____

第九课 我可以问你一个问题吗？
Dì jiǔ kè　　Wǒ kěyǐ wèn nǐ yí ge wèntí ma?

学習ポイント ▶ 1."来"　2. 介詞"给"　3. 動詞の重ね型　4. 方向補語（1）
　　　　　　　　5."一边…一边…"　6. 構造助詞"地"　7. 形容詞の重ね型　8. 助動詞"可以""会""能"
　　　　　　　　9. 二重目的語　10."(是)…的"の構文　11."一…也／都" + 否定形述語

新出単語　B-42

1.	给 gěi	[介]…に．…ために		13.	一边 yìbiān	[副]…しながら
2.	大家 dàjiā	[人代]皆さん			一边…一边 yìbiān…yìbiān	…しながら…する
3.	介绍 jièshào	[動]紹介する		14.	慢慢儿 mànmānr	[副]ゆっくりと
4.	就 jiù	[副]ほかでもなく		15.	地 de	[構助]（動・形＋地）連用修飾語をつくる
5.	木 mù	[名]木		16.	聊 liáo	[動]おしゃべりする
6.	子 zǐ	[名]子		17.	可以 kěyǐ	[助動]…してよい．…できる
7.	美丽 měilì	[形]美麗だ．美しい		18.	问 wèn	[動]尋ねる
8.	认识 rènshi	[動]知り合う		19.	问题 wèntí	[名]質問
9.	非常 fēicháng	[副]非常に		20.	当然 dāngrán	[副]当然
10.	高兴 gāoxìng	[形]嬉しい		21.	是…的 shì…de	…したのです
11.	带 dài	[動]持つ		22.	去年 qùnián	[名]去年
	带来 dàilai	持ってくる		23.	四月 sì yuè	[名]四月
12.	点心 diǎnxin	[名]お菓子		24.	会 huì	[助動]…できる

25.	一…也 yī…yě	ひとつも…	29.	秘诀 mìjué	[名]秘訣
26.	句 jù	[量]言葉を数える単位. …文. …センテンス	30.	不要 búyào	[副]…するな
27.	告诉 gàosu	[動]教える. 知らせる	31.	害臊 hài//sào	恥ずかしがる
28.	外语 wàiyǔ	[名]外国語	32.	练 liàn	[動]練習する

本 文 B-43

教室で、汪先生がクラスメートたちに、中国の教え子李麗さんを紹介する場面です。

汪老师：同学们, 我来给大家介绍介绍,她就是中国
Wāng lǎoshī : Tóngxuémen, wǒ lái gěi dàjiā jièshào jièshào, tā jiù shì Zhōngguó

留学生 李丽同学。
liúxuéshēng Lǐ Lì tóngxué.

李丽：大家好！我叫李丽。"李"是"木子李", "丽"是
Lǐ Lì : Dàjiā hǎo! Wǒ jiào Lǐ Lì. Lǐ shì mù zǐ lǐ, lì shì

"美丽"的"丽"。认识大家,我非常高兴。
měilì de lì. Rènshi dàjiā, wǒ fēicháng gāoxìng.

汪老师：这是李丽同学给大家带来的上海点心。
Zhè shì Lǐ Lì tóngxué gěi dàjiā dàilai de Shànghǎi diǎnxin.

大家一边吃一边慢慢儿地聊吧。
Dàjiā yìbiān chī yìbiān mànmānr de liáo ba.

阿部亮：李丽同学, 我可以问你一个问题吗？
Ābù Liàng : Lǐ Lì tóngxué, wǒ kěyǐ wèn nǐ yí ge wèntí ma ?

李丽：当然可以。
Dāngrán kěyǐ.

阿部亮：你 是 什么 时候 来 日本 的？
　　　　Nǐ shì shénme shíhou lái Rìběn de?

李丽：我 是 去年 四 月 来 日本 的。
　　　Wǒ shì qùnián sì yuè lái Rìběn de.

林惠：来 日本 以前，你 会 说 日语 吗？
Lín Huì : Lái Rìběn yǐqián, nǐ huì shuō Rìyǔ ma?

李丽：一 句 日语 也 不 会 说。
　　　Yí jù Rìyǔ yě bú huì shuō.

中田美奈：你 能 不 能 告诉 我们 学 外语 的 秘诀？
Zhōngtián Měinài : Nǐ néng bu néng gàosu wǒmen xué wàiyǔ de mìjué?

李丽：好。就是 不要 害臊，多 说、多 练。
　　　Hǎo. Jiùshì búyào hài sào, duō shuō、duō liàn.

文法の要点

1. **"来"**：積極性を表す。
    1) 我来给大家介绍介绍。　　　　　　　　Wǒ lái gěi dàjiā jièshào jièshào.
    2) 我唱歌，你来弹钢琴，怎么样？　　　　Wǒ chàng gē, nǐ lái tán gāngqín, zěnmeyàng?
    3) 我来做晚饭吧。　　　　　　　　　　　Wǒ lái zuò wǎnfàn ba.

2. **介詞"给"**：接受の対象を導く。「…に／…のために（…する）」
    1) 他给我们介绍了学外语的秘诀。　　　　Tā gěi wǒmen jièshàole xué wàiyǔ de mìjué.
    2) 我要给妈妈买生日礼物。　　　　　　　Wǒ yào gěi māma mǎi shēngri lǐwù.
    3) 我没有给张大明写信。　　　　　　　　Wǒ méiyǒu gěi Zhāng Dàmíng xiě xìn.
    4) 你给他打电话还是发电子邮件？　　　　Nǐ gěi tā dǎ diànhuà háishi fā diànzǐ yóujiàn?

3. **動詞の重ね型**：動作量や時間量が少ないこと、あるいは試みを表す。　→第十課 5.
   「ちょっと…する／…してみる」
   単音節動詞：単音節動詞の重ね型はそのまま重ねる。間に"一"や"了"が入ることがある。
   尝尝 chángchang　　　　尝一尝 chángyicháng　　　　尝了尝 chánglecháng
    1) 你来尝一尝这个菜。　　　　　　　　　Nǐ lái chángyicháng zhè ge cài.
    2) 咱们一块儿去散散步，怎么样？　　　　Zánmen yíkuàir qù sànsan bù, zěnmeyàng?
    3) 星期天我一般在家看看电视，给朋友发发电子邮件。
    　　　　　　　Xīngqītiān wǒ yìbān zài jiā kànkan diànshì, gěi péngyou fāfa diànzǐ yóujiàn.
    4) 我跟爸爸谈了谈工作的情况。　　　　　Wǒ gēn bàba tánletán gōngzuò de qíngkuàng.

   複音節動詞：間に"一"や"了"は入らない。
   　介绍介绍 jièshào jièshào　　商量商量 shāngliang shāngliang
    5) 我想去图书馆学习学习。　　　　　　　Wǒ xiǎng qù túshūguǎn xuéxí xuéxí.
    6) 你们要多练习练习发音。　　　　　　　Nǐmen yào duō liànxí liànxí fāyīn.

4. **方向補語(1)**：方向補語とは動詞の後ろに置き動作・行為の方向を表す成分。

単純方向補語　　動詞＋来/去

	上がる 上 shàng	下がる 下 xià	入る 进 jìn	出る 出 chū	戻る 回 huí	過ぎる 过 guò	起きる 起 qǐ
来 lai	上来 shànglai	下来 xiàlai	进来 jìnlai	出来 chūlai	回来 huílai	过来 guòlai	起来 qǐlai
去 qu	上去 shàngqu	下去 xiàqu	进去 jìnqu	出去 chūqu	回去 huíqu	过去 guòqu	

1) 爸爸从公司回来了。　　　　　Bàba cóng gōngsī huílai le.
2) 这本词典你拿去吧。　　　　　Zhè běn cídiǎn nǐ náqu ba.

目的語の位置

目的語＝場所　　動詞＋場所＋来/去
　　　　　　　　　回　　家　　去

目的語＝事物　　動詞＋事物＋来/去　　　動詞＋来/去＋事物
　　　　　　　　带　书　来　　　　　　带　　来　一本书

3) 你带伞来了没有？　　　　　　Nǐ dài sǎn lái le méiyǒu？
　　—我没带伞来。　　　　　　　—Wǒ méi dài sǎn lái.
4) 李老师已经回家去了。　　　　Lǐ lǎoshī yǐjing huí jiā qù le.
5) 大家都进教室去了。　　　　　Dàjiā dōu jìn jiàoshì qù le.

5. **"一边…一边…"**：並列を表す複文。「…しながら…する」
　1) 大家一边吃一边聊吧。　　　　Dàjiā yìbiān chī yìbiān liáo ba.
　2) 我喜欢一边弹钢琴一边唱歌。　Wǒ xǐhuan yìbiān tán gāngqín yìbiān chàng gē.
　3) 他们一边工作，一边学习。　　Tāmen yìbiān gōngzuò, yìbiān xuéxí.

6. **構造助詞"地"**：状語(連用修飾語)を構成する。
▶複音節形容詞の"地"は省略可。
　1) 我要认真（地）学汉语。　　　Wǒ yào rènzhēn (de) xué Hànyǔ.
　2) 他热情地帮助我。　　　　　　Tā rèqíng de bāngzhù wǒ.

▶形容詞の前に修飾語がある場合は省略できない。
  3）我很高兴地给大家介绍我们学校的情况。
        Wǒ hěn gāoxìng de gěi dàjiā jièshào wǒmen xuéxiào de qíngkuàng.

7. **形容詞の重ね型**：意味を強調する。
▶単音節形容詞の重ね型＋接尾辞"儿"：二つ目の形容詞は第一声に変化。
  1）你慢慢儿（地）说吧。   Nǐ mànmānr (de) shuō ba.
  2）我们一定好好儿学习。   Wǒmen yídìng hǎohāor xuéxí.

▶単音節形容詞はそのまま重ねる。
  3）大大的眼睛、高高的个子。 Dàdà de yǎnjing, gāogāo de gèzi.

8. **助動詞"可以""会""能"**：可能を表す。
〔1〕"可以"
 許可：「…してよい」
  1）我可以先回去吗？   Wǒ kěyǐ xiān huíqu ma？
   —可以，你可以先回去。 —Kěyǐ, nǐ kěyǐ xiān huíqu.
  2）这儿可以不可以照相？ Zhèr kěyǐ bu kěyǐ zhào xiàng？
   —不行，这儿不可以照相。 —Bù xíng, zhèr bù kěyǐ zhào xiàng.
  3）有问题，你可以问老师。 Yǒu wèntí, nǐ kěyǐ wèn lǎoshī.

 条件：客観的条件が整い「…できる」
  4）你明天可以来公司吗？ Nǐ míngtiān kěyǐ lái gōngsī ma？
   （×可以不可以来？）
   —可以，我明天可以来公司。 —Kěyǐ, wǒ míngtiān kěyǐ lái gōngsī.
   —不能，我明天有事儿，不能来公司。
   （×不可以来。）   —Bù néng, wǒ míngtiān yǒu shìr, bù néng lái gōngsī.

〔2〕"会"（1）：技術など習得して「…できる」   →第十課 8.
  1）他会说英语。   Tā huì shuō Yīngyǔ.
  2）她不会开车。   Tā bú huì kāi chē.
  3）你会不会包饺子？   Nǐ huì bu huì bāo jiǎozi？
  4）我会说一点儿汉语了。 Wǒ huì shuō yìdiǎnr Hànyǔ le.

〔3〕"能"

能力：一定以上の能力に達して「…できる」。　　　　　　　　→第五課 6.〔3〕

1) 他能游五百米。　　　　　　　　　Tā néng yóu wǔ bǎi mǐ.
2) 他能不能看中文报？　　　　　　　Tā néng bu néng kàn Zhōngwén bào？
　—能，他能看中文报。　　　　　　—Néng, tā néng kàn Zhōngwén bào.
3) 我还不能用汉语写邮件。　　　　　Wǒ hái bù néng yòng Hànyǔ xiě yóujiàn.

許可：「…してよい」

4) 这儿能抽烟吗？　　　　　　　　　Zhèr néng chōu yān ma？
5) 这儿不能游泳。　　　　　　　　　Zhèr bù néng yóu yǒng.

婉曲的な尋ね方"能不能"

6) 你能不能告诉我们学外语的秘诀？　Nǐ néng bu néng gàosu wǒmen xué wàiyǔ de mìjué？
7) 你能不能帮助帮助我？　　　　　　Nǐ néng bu néng bāngzhù bāngzhù wǒ？
　——当然可以。　　　　　　　　　—Dāngrán kěyǐ.

9. 二重目的語

主語＋動詞＋間接目的語（人など）＋直接目的語（事物）

问　　告诉　　教jiāo　　给gěi　　送sòng　　还huán　　借jiè

1) 张老师教我们英语。　　　　　　　Zhāng lǎoshī jiāo wǒmen Yīngyǔ.
2) 妈妈给妹妹一件毛衣。　　　　　　Māma gěi mèimei yí jiàn máoyī.
3) 学生们不问老师问题。　　　　　　Xuéshengmen bú wèn lǎoshī wèntí.
4) 他没有告诉我们他的名字。　　　　Tā méiyǒu gàosu wǒmen tā de míngzi.

10. "(是)…的"の構文：既に実現したことがらについて、その時間・場所・方式（手段）などを強調して説明する。「…したのです」

1) 你是什么时候来日本的？　　　　　Nǐ shì shénme shíhou lái Rìběn de？
　—我是去年四月来日本的。　　　　—Wǒ shì qùnián sì yuè lái Rìběn de.
2) 我是在北京出生的。　　　　　　　Wǒ shì zài Běijīng chūshēng de.
3) 她不是一个人来的。　　　　　　　Tā bú shì yí ge rén lái de.
4) 我是坐飞机去的北京。　　　　　　Wǒ shì zuò fēijī qù de Běijīng.
5) 他是跟谁学的汉语？　　　　　　　Tā shì gēn shéi xué de Hànyǔ？

11. "一…＋也／都"＋否定形述語：否定の強調を表す。「ひとつも…ない」

1) 他一句话也没有说。　　　　　　　Tā yí jù huà yě méiyǒu shuō.
2) 我一分钱也没有。　　　　　　　　Wǒ yì fēn qián yě méiyǒu.
3) 他一个汉字都不会写。　　　　　　Tā yí ge hànzì dōu bú huì xiě.

補充単語 B-44

#	単語	品詞・意味
1.	唱 chàng	[動]歌う
2.	歌 gē	[名]歌
	唱歌 chàng//gē	歌をうたう
3.	弹 tán	[動]弾く
4.	钢琴 gāngqín	[名]ピアノ
5.	晚饭 wǎnfàn	[名]夕飯
6.	礼物 lǐwù	[名]プレゼント
7.	信 xìn	[名]手紙
8.	打 dǎ	[動]（電話を）かける
9.	电话 diànhuà	[名]電話
10.	发 fā	[動]発する．送信する
11.	电子邮件 diànzǐ yóujiàn	[名]Eメール
12.	尝 cháng	[動]味わう
13.	散步 sàn//bù	散歩する
14.	谈 tán	[動]話す
15.	情况 qíngkuàng	[名]情況
16.	商量 shāngliang	[動]相談する
17.	练习 liànxí	[動]練習する
18.	拿 ná	[動]持つ
19.	伞 sǎn	[名]傘
20.	热情 rèqíng	[形]熱心だ
21.	帮助 bāngzhù	[動]手助けする
22.	一定 yídìng	[副]きっと．必ず
23.	好好儿 hǎohāor	ちゃんと．十分に
24.	眼睛 yǎnjing	[名]目
25.	个子 gèzi	[名]身長
26.	照 zhào	[動]（写真を）撮る
27.	相 xiàng	[名]写真
	照相 zhào//xiàng	写真を撮る
28.	行 xíng	[形]よい
29.	开 kāi	[動]運転する
	开车 kāi//chē	車を運転する
30.	包 bāo	[動]包む
31.	饺子 jiǎozi	[名]餃子

32.	米 mǐ	[量]メートル		40.	借 jiè	[動]借りる．貸す
33.	用 yòng	[介]用いて．…で		41.	出生 chūshēng	[動]生まれる
34.	抽 chōu	[動]吸う			分 fēn	[量]貨幣の最小単位．100分の1元．…銭．
35.	烟 yān	[名]タバコ		42.	哟 yō	[嘆]軽い驚きを表す．あら．おや
	抽烟 chōu//yān	タバコを吸う		43.	心意 xīnyì	[名]こころ．気持ち
36.	给 gěi	[動]与える		44.	前天 qiántiān	[名]おととい
37.	毛衣 máoyī	[名]セーター		45.	登 dēng	[動]登る
38.	送 sòng	[動]贈る		46.	长城 Chángchéng	[名]万里の長城
39.	还 huán	[動]返す．戻す		47.	欸 ēi	[嘆]呼びかけや注意の喚起を表す．ねえ

練習問題

1. 次の組み合わせ語句の空欄を埋めなさい。

▼日本語	▼ピンイン	▼簡体字
① お菓子を持って来る		
② 車を運転する		
③ ゆっくりと話す		
④ 食べながらおしゃべりする		
⑤ 恥ずかしがらないで		
⑥	dàjiā	
⑦	rènshi	
⑧	fēicháng gāoxìng	
⑨	dǎ diànhuà	
⑩	wèn wèntí	
⑪		介绍
⑫		告诉
⑬		当然可以
⑭		多说多练
⑮		会说日语

2. 置き換え練習

① 你 给 谁 介绍 学校 的 情况?
　—我 给 同学 介绍 学校 的 情况。

　　发 / 电子 邮件 / 朋友
　买 / 生日 礼物 / 妈妈　　打 / 电话 / 公司

② 你 问 谁 问题 呢?
　—我 问 老师 问题。

　　　　　　教 / 汉语 / 日本 学生
　告诉 / 学 外语 的 秘诀 / 大家　　给 / 礼物 / 朋友

③ 我 可以 坐 这儿 吗?
　—可以。你 可以 坐 这儿。
　—不行, 你 不 能 坐 这儿。

　喝 酒　　抽 烟
　　在 这儿 照相

④ 你 会 不 会 说 汉语?
　我 一 句 汉语 也 不会 说。

　做 / 菜 / 个
　写 / 汉字 / 个

⑤ 你 是 什么 时候 来 的?
　—我 是 去年 四月 来 的。

　哪年 / 出生 / 1994年　　跟 谁 一起 / 去 / 跟 家人 一起
　　　　　　　　　　　在 哪儿 / 吃 午饭 / 在 学生 食堂

3. 日本語に合うように、[　]の中の語句を並べ替えなさい。

① [他 常常　帮助　我　热情地]
　彼はいつも熱心に私を手助けしてくれます。

_____

② [快 了 上课 , 咱们 教室 进 去 吧]
　もうすぐ授業だから、私たちは教室に入りましょう。

_____

③ [大家 喝 咖啡 聊 慢慢儿地 一边 一边 吧]
　皆さんコーヒーを飲みながらゆっくりと雑談しましょう。

_____

④ [我 地铁 坐 来 的 不 是 是 自行车 骑 来 的]
　私は地下鉄で来たのではなく、自転車で来たのです。

_____

⑤ [你　大家　给　学　外语　秘诀　的　说说]
あなたは皆さんに外国語を学ぶ秘訣をちょっと話してあげてください。

4. 中国語に訳しなさい。
① あなたちょっと私に中国語を教えていただけませんか。

② ここでおしゃべりをしないでください。

③ 今度の日曜日に私は先生の家に遊びに行ってもよろしいですか。

④ 私はよろこんで皆さんに私たちの学校の様子を紹介いたします。

⑤ 私は少し中国語が話せるようになりました。

5. **中国語の質問と応答**　B-45
（A）は本文の内容に即して答え、（B）は実情に合わせて答えなさい。
（A）　① 汪老师给谁介绍李丽同学？

② 李丽给大家带来了什么礼物？

③ 李丽是什么时候来日本的？

④ 李丽来日本以前，会说日语吗？

⑤ 李丽觉得学外语的秘诀是什么？

（B）　⑥ 你是哪年上大学的？

⑦ 上大学以前，你学过汉语吗？

⑧ 你学了多长时间汉语了?

⑨ 你会说一点儿汉语了吗?

⑩ 你能不能用汉语唱歌了?

⑪ 谁教你们汉语?

⑫ 你常常问老师问题吗?

⑬ 我可以问你的名字吗?

6. 次の会話を発音し、さらに日本語に訳しなさい。　　B-46

A / C：王老师，您好！

B：你们好！欢迎欢迎。

A：老师，这是我们给您带来的日本点心。

B：哟，你们太客气了。你们能来，我就很高兴了。

C：这只是我们的一点儿心意。

B：谢谢你们！你们是什么时候到的北京?

A：前天。

B：打算在北京玩儿几天呢?

C：十天左右。

B：那你们可以在北京好好儿玩儿玩儿了。

A：是啊,在北京,我们可以登长城,吃烤鸭。

C：最高兴的是:还能吃到老师包的饺子!

B：好啊。今天我们包饺子吃。

A / C：啊!太好了!

B：欸,你们还会包饺子吧。

A / C：会。

B：那咱们一边包饺子一边聊吧。

第十课 你在干什么呀？
Dì shí kè　Nǐ zài gàn shénme ya？

学習ポイント ▶ 1. 進行態"正在""呢"と持続態"着"　2. 疑問詞"怎么"（2）　3."是不是"
　　　　　　　4. 介詞"被"　5. 動量補語"一下"　6. 副詞"有点儿"　7. 助動詞"应该"
　　　　　　　8. 助動詞"会"（2）　9. 方向補語（2）　10. 指示代詞"这儿／那儿"
　　　　　　　11. 限定修飾語

新出単語　B-47

1.	喂 wéi	[感]もしもし	15.	早上 zǎoshang	[名]朝
2.	在 zài	[副]…している	16.	头 tóu	[名]頭
3.	干 gàn	[動]する．やる	17.	疼 téng	[形]痛い
4.	有点儿 yǒudiǎnr	[副]少し		头疼 tóu//téng	頭が痛い
5.	舒服 shūfu	[形]気持ちがよい	18.	咳嗽 késou	[動]咳をする
6.	正 zhèng	[副]ちょうど	19.	发烧 fā//shāo	熱が出る
7.	床 chuáng	[名]ベッド	20.	医院 yīyuàn	[名]病院
8.	躺 tǎng	[動]横になる	21.	应该 yīnggāi	[助動]…すべきだ
9.	着 zhe	[動助]…している	22.	病 bìng	[名]病気
10.	感冒 gǎnmào	[動]風邪をひく		看病 kàn//bìng	診察を受ける
11.	被 bèi	[介]受け身を表す．…に．…から	23.	休息 xiūxi	[動]休む
12.	雨 yǔ	[名]雨	24.	会 huì	[助動]…であろう
13.	淋 lín	[動]濡れる		会…的 huì…de	…するはずだ
14.	一下 yíxià	ちょっと（…する）	25.	这样 zhèyàng	[指代]こう．そのように

26.	药 yào	[名]薬	30.	过去 guòqu	向こうへ行く
	感冒药 gǎnmàoyào	[名]風邪薬		送过去 sòngguoqu	（向こうへ）届ける
27.	过 guò	[動]（時間が）経つ	31.	麻烦 máfan	[動]面倒をかける
28.	一会儿 yíhuìr	[名]しばらく	32.	没事儿 méi shìr	大丈夫です
29.	送 sòng	[動]届ける			

本 文　B-48

阿部君から李さんに電話があり、どうやら李さんは風邪をひいたようです。

阿部亮：喂，李丽，你在干什么呀？
Ābù Liàng: Wéi, Lǐ Lì, nǐ zài gàn shénme ya?

李丽：我有点儿不舒服，正在床上躺着呢。
Lǐ Lì: Wǒ yǒudiǎnr bù shūfu, zhèng zài chuáng shang tǎngzhe ne.

阿部亮：怎么了？是不是感冒了？
Zěnme le? Shì bu shì gǎnmào le?

李丽：昨天从学校回来的时候，被雨淋了一下，
Zuótiān cóng xuéxiào huílai de shíhou, bèi yǔ línle yíxià,

　　　早上头疼、咳嗽，还有点儿发烧。
zǎoshang tóu téng、ké sou, hái yǒudiǎnr fā shāo.

阿部亮：你去医院看了吗？
Nǐ qù yīyuàn kàn le ma?

李丽：没有。
Méiyǒu.

阿部亮：你应该去医院看看病。
Nǐ yīnggāi qù yīyuàn kànkan bìng.

李丽：不用，休息一下就会好的。
　　　Búyòng, xiūxi yíxià jiù huì hǎo de.

阿部亮：这样吧。我这儿有点儿感冒药，
　　　　Zhèyàng ba. Wǒ zhèr yǒu diǎnr gǎnmàoyào,

　　　　过一会儿，我给你送过去。
　　　　guò yíhuìr, wǒ gěi nǐ sòngguoqu.

李丽：这太麻烦你了吧。
　　　Zhè tài máfan nǐ le ba.

阿部亮：没事儿。你等着我吧。
　　　　Méi shìr. Nǐ děngzhe wǒ ba.

文法の要点

1. **進行態と持続態**

〔1〕**進行態**:「（ちょうど）…しているところだ」
副詞"正""在""正在"、語気助詞"呢"のどれを用いても動作の進行を表す。

正／在／正在＋動詞(句)（＋／呢）

1) 他正在睡觉（呢）。　　　　　　　Tā zhèngzài shuì jiào (ne).
2) 王小梅正给客人做小笼包（呢）。　Wáng Xiǎoméi zhèng gěi kèren zuò xiǎolóngbāo (ne).
3) 你在干什么呀?　　　　　　　　　Nǐ zài gàn shénme ya ?
　—我在跟朋友聊天儿呢。　　　　　—Wǒ zài gēn péngyou liáo tiānr ne.
4) 他休息呢。　　　　　　　　　　Tā xiūxi ne.
5) 你正在上网吗?　　　　　　　　　Nǐ zhèngzài shàng wǎng ma ?
　—没有，我没有上网，我在写邮件呢。
　　　　　　　　　—Méiyǒu, wǒ méiyǒu shàng wǎng, wǒ zài xiě yóujiàn ne.

〔2〕**持続態**:「…しつづける／…している」
動詞の後ろに"着"を置き、動作の持続や動作の結果の持続を表す。

動詞＋着（＋呢）

1) 你们不要在这儿站着。　　　　　　Nǐmen búyào zài zhèr zhànzhe.
2) 他穿着一件新西服，打着领带。　　Tā chuānzhe yí jiàn xīn xīfú, dǎzhe lǐngdài.
3) 那个戴着眼镜，留着长头发的人是李丽。
　　　　　　　Nà ge dàizhe yǎnjìng, liúzhe cháng tóufa de rén shì Lǐ Lì.
4) 喂，你在床上躺着吗?　　　　　　Wéi, nǐ zài chuángshang tǎngzhe ma ?
　—没有，我没在床上躺着，我在椅子上坐着呢。
　　　　　　　Méiyǒu, wǒ méi zài chuáng shang tǎngzhe, wǒ zài yǐzi shang zuòzhe ne.
　※しばしば"正在…呢"とともに用いる。
5) 李老师正在包着饺子呢。　　　　　Lǐ lǎoshī zhèngzài bāozhe jiǎozi ne.

2. **疑問詞"怎么"(2)**：理由・状況を問う。「なぜ／どうして」　　→第六課 6.
1) 你怎么（＝为什么）迟到了?　　　Nǐ zěnme chídào le ?
2) 你怎么（＝为什么）不去医院?　　Nǐ zěnme bú qù yīyuàn ?
3) 你怎么还没听明白?　　　　　　　Nǐ zěnme hái méi tīngmíngbai ?
4) 你怎么了?　　　　　　　　　　　Nǐ zěnme le ?

3. **"是不是"**：確認を求める意味を表す。
    1) 你是不是感冒了？　　　　　　　　Nǐ shì bu shì gǎnmào le?
    2) 他今天是不是不来了？　　　　　　Tā jīntiān shì bu shì bù lái le?
    3) 你是不是在看电视？　　　　　　　Nǐ shì bu shì zài kàn diànshì?

4. **介詞"被"**：受け身を表す。
    <u>被（＋動作の主体）＋動詞句</u>：「（動作の主体）に…される」　　※動作の主体は省略可
    1) 你被雨淋了吧？　　　　　　　　　Nǐ bèi yǔ lín le ba?
    2) 昨天我被老师批评了一顿。　　　　Zuótiān wǒ bèi lǎoshī pīpíngle yí dùn.
    3) 我的课本也被她借走了。　　　　　Wǒ de kèběn yě bèi tā jièzǒu le.
    4) 我们队没有被打败过。　　　　　　Wǒmen duì méiyǒu bèi dǎbàiguo.

5. **動量補語"一下"**　　　　　　　　　　　　　　　　　　　　→第九課 3.
    <u>動詞＋一下</u>：「ちょっと…する／…してみる」
    1) 这个菜味道不错，你可以尝一下。　Zhè ge cài wèidao búcuò, nǐ kěyǐ cháng yíxià.
    2) 大家在这儿休息一下吧。　　　　　Dàjiā zài zhèr xiūxi yíxià ba.
    3) 你等我一下吧。　　　　　　　　　Nǐ děng wǒ yíxià ba.

6. **副詞"有点儿"**：望ましくないことに用いる。「少し／ちょっと」
    <u>有点儿＋形容詞／動詞</u>
    1) 我今天有点儿累。　　　　　　　　Wǒ jīntiān yǒudiǎnr lèi.
    2) 我今天有点儿不舒服，不能去游泳。Wǒ jīntiān yǒudiǎnr bù shūfu, bù néng qù yóu yǒng.
    3) 汉语的发音有点儿难。　　　　　　Hànyǔ de fāyīn yǒudiǎnr nán.
    4) 她被老张说了几句，有点儿不好意思。
    　　　　　　　　　　　　　　　　　Tā bèi lǎo Zhāng shuōle jǐ jù, yǒudiǎnr bù hǎoyìsi.

7. **助動詞"应该"**：当然を表す。「…すべきである／…しなければならない」
    1) 你应该去医院看看病。　　　　　　Nǐ yīnggāi qù yīyuàn kànkan bìng.
    2) 你们应该多练习口语和听力。　　　Nǐmen yīnggāi duō liànxí kǒuyǔ hé tīnglì.
    3) 你不应该这么说她。　　　　　　　Nǐ bù yīnggāi zhème shuō tā.

8. **助動詞"会"(2)**：可能性を表す。「…であろう／…のはずだ」　　→第九課 8.〔2〕
    1) 她今天会来吗？　　　　　　　　　Tā jīntiān huì lái ma?
    　—她今天不会来。　　　　　　　　—Tā jīntiān bú huì lái.
    2) 她的病休息一下就会好的。　　　　Tā de bìng xiūxi yíxià jiù huì hǎo de.
    3) 放心吧，她一定会考上大学的。　　Fàng xīn ba, tā yídìng huì kǎoshàng dàxué de.
    4) 不好好儿学习，会被老师批评的。　Bù hǎohāor xuéxí, huì bèi lǎoshī pīpíng de.

9. 方向補語(2)　　　　　　　　　　　　　　　　　　　　　　→第九課 4.
複合方向補語

動詞＋単純方向補語

走上来 zǒushanglai	拿下来 náxialai	跑进来 pǎojinlai	借出来 jièchulai	带回来 dàihuilai	飞过来 fēiguolai	站起来 zhànqilai
走上去 zǒushangqu	拿下去 náxiaqu	跑进去 pǎojinqu	借出去 jièchuqu	带回去 dàihuiqu	飞过去 fēiguoqu	

目的語の位置
場所＝"来／去"の前に
事物＝"来／去"の前／"来／去"の後

1) 他怎么跑出去了？　　　　　　　　　Tā zěnme pǎochuqu le？
2) 他从中国买回来了很多礼物。　　　　Tā cóng Zhōngguó mǎihuilaile hěn duō lǐwù.
3) 上课铃响了，同学们都走进教室去了。
　　　　　　　　　　　Shàng kè líng xiǎng le, tóngxuémen dōu zǒujìn jiàoshì qù le.
4) 飞机飞过去了。　　　　　　　　　　Fēijī fēiguoqu le.
5) 请站起来。　　　　　　　　　　　　Qǐng zhànqilai.

10. 指示代詞 "这儿／那儿"

人を示す名詞／代名詞＋这儿／那儿：「(だれそれ) の所」

1) 这是从谁那儿借回来的？　　　　　　Zhè shì cóng shéi nàr jièhuilai de？
　—从小王那儿借回来的。　　　　　　—Cóng xiǎo Wáng nàr jièhuilai de.
2) 我这儿有一张迪斯尼乐园的门票，过一会儿，我给你送过去。
　　　Wǒ zhèr yǒu yì zhāng Dísīní lèyuán de ménpiào, guò yíhuìr, wǒ gěi nǐ sòngguoqu.

11. 限定修飾語

(動詞／動詞構造)＋的＋被修飾語(名詞)

1) 那个戴着眼镜的人就是李丽。　　　　Nà ge dàizhe yǎnjìng de rén jiù shì Lǐ Lì.
2) 你尝尝我买来的点心吧。　　　　　　Nǐ chángchang wǒ mǎilai de diǎnxin ba.
3) 这是我们吃饭的食堂。　　　　　　　Zhè shì wǒmen chī fàn de shítáng.
4) 他给我们介绍了学外语的秘诀。　　　Tā gěi wǒmen jièshàole xué wàiyǔ de mìjué.
5) 我回来的时候，被雨淋了一下。　　　Wǒ huílai de shíhou, bèi yǔ línle yíxià.

補充単語　B-49

1. 正在 zhèngzài　[副]ちょうど…している
2. 客人 kèren　[名]お客
3. 小笼包 xiǎolóngbāo　[名]ショウロンポウ
4. 聊天儿 liáo//tiānr　おしゃべりする
5. 网 wǎng　[名]インターネット
   上网 shàng//wǎng　インターネットに接続する
6. 站 zhàn　[動]立つ
7. 穿 chuān　[動]着る．はく
8. 新 xīn　[形]新しい
9. 西服 xīfú　[名]洋服
10. 打 dǎ　[動]（ネクタイを）締める
11. 领带 lǐngdài　[名]ネクタイ
12. 戴 dài　[動]（メガネを）かける
13. 眼镜 yǎnjìng　[名]メガネ
14. 留 liú　[動]（髪の毛などを）はやす
15. 头发 tóufa　[名]髪の毛
16. 迟到 chídào　[動]遅刻する
17. 明白 míngbai　[形]分かる
18. 批评 pīpíng　[動]注意する．叱る
19. 顿 dùn　[量]叱責・食事など動作の回数を表す単位．…回
20. 队 duì　[名]チーム
21. 打败 dǎbài　[動]打ち負かす
22. 味道 wèidao　[名]味
23. 累 lèi　[形]疲れる
24. 老 lǎo　[接頭]年長者の姓の前につけて敬意と親近の意を表す．…さん
25. 说 shuō　[動]叱る
26. 不好意思 bù hǎoyìsi　[形]恥ずかしい．きまりがわるい
27. 口语 kǒuyǔ　[名]オーラル
28. 听力 tīnglì　[名]ヒアリング
29. 放心 fàng//xīn　安心する
30. 考 kǎo　[動]試験をする
    考上 kǎoshàng　試験に受かる
31. 出 chū　[動]出る
    出去 chūqu　出て行く

32.	铃 líng	[名]ベル	36.	迪斯尼乐园 Dísīní lèyuán	[名]ディズニーランド
33.	响 xiǎng	[動]鳴る	37.	门 mén	[名]門
34.	飞 fēi	[動]飛ぶ		门票 ménpiào	[名]入場券
35.	起 qǐ	[動]起きる			
	起来 qǐlai	起きて来る．(…し)上がる			

練習問題

1. 次の組み合わせ語句の空欄を埋めなさい。

▼日本語	▼ピンイン	▼簡体字
① 気分が良くない		
② 風邪をひく		
③ 雨に濡れた		
④ 少し熱がある		
⑤ 大変あなたに面倒をかけてしまいます		
⑥	zěnme le	
⑦	méi shìr	
⑧	yīnggāi	
⑨	zhèyàng ba	
⑩	xiūxi yíxià	
⑪		正在
⑫		回来的时候
⑬		看病
⑭		过一会儿
⑮		我这儿

2. 置き換え練習

① 你在干什么呢?
—我正在复习功课呢。

| 学汉语 | 照相 |
| 做小笼包 | 睡觉 |

② 谁戴着眼镜?
—张老师戴着眼镜。

| 穿/新西服 | 打/领带 |
| | 留/长头发 |

③ 谁在那儿躺着?
—张大明在那儿躺着。

| 坐 | 站 | 等 |

④ 她怎么了?
—她被雨淋了一下,有点儿发烧。

| 老师/批评/一顿/不高兴 |
| 朋友/说/几句/不好意思 |

3. 日本語に合うように、[　]の中の語句を並べ替えなさい。

① [你　上网　是　不　是　在]
あなたはインターネットをしているのですか。

_____

② [她　车站　在　等　你　着　呢]
彼女は駅であなたを待っているのよ。

_____

③ [这里　书　的　借　可以　回去　我们　吗]
ここの本は私たちが借りて帰ってもよろしいですか。

_____

④ [好好儿　吃饭　不　,　会　妈妈　说　被　的]
きちんとご飯を食べないと、お母さんに叱られますよ。

_____

⑤ [他们　一边　饺子　包　正在　一边　聊天儿　呢]
彼らはギョウザを作りながら、話をしているところです。

_____

4. 中国語に訳しなさい。
   ① これは私が中国から買って帰ってきた電子辞書です。

   ② 私たちはオーラルとヒアリングをたくさん練習すべきです。

   ③ あなたの病気は少し休めば、すぐに良くなりますよ。

   ④ もう12時になったのに、お父さんはどうしてまだ帰ってこないの。

   ⑤ 彼女は張さんに叱られて、ちょっときまりが悪い。

5. 中国語の質問と応答　　🅒 B-50
   （A）は本文の内容に即して答え、（B）は実情に合わせて答えなさい。
（A）① 李丽在干什么呢?

   ② 她为什么在床上躺着呢?

   ③ 她是不是感冒了?

   ④ 她头疼不疼?

   ⑤ 她去医院看了吗?

   ⑥ 她为什么没有去医院?

   ⑦ 谁那儿有感冒药?

   ⑧ 阿部什么时候给李丽药?

（B）⑨ 你被雨淋过没有?

⑩ 你被雨淋了一下就会感冒吗?

⑪ 你感冒了就去医院看病吗?

6. 次の会話を発音し、さらに日本語に訳しなさい。　B-51

(一)　A：贵子，已经七点了，你怎么还在床上躺着呢?

　　　B：我头有点儿疼。

　　　A：怎么了? 是不是感冒了?

　　　B：不是。这几天考试，太累了。

　　　A：那休息一下就会好的。

　　　B：我今天不去学校，可以吗?

　　　A：不行吧。你应该参加考试呀。

　　　B：但是我还没复习好。

　　　A：没事儿。你一定会考得好的。

(二)　A：美奈，你在干什么呢?

B：我正在复习功课呢。有事儿吗?

A：我的汉语课本被阿部借走了。你能不能给我看一下你的课本?

B：当然可以。

A：我可以借回去看看吗?

B：那不行。因为我也得复习呀。

● 結果補語

　中国語の補語とは、述語の動詞あるいは述語の形容詞の後ろに置いて、詳しく説明する成分であり、中国語の特徴のひとつです。

　動作の結果、その動作や行為がどうなったのか、または、どのような段階にあるのかを表しますが、日本語に訳すと分かりにくいものも少なくありません。

　日本語の動詞は動作や行為のプロセスと結果を含んでいい表すことが多いようです。一方、中国語の動詞は動作・行為に限定して表す傾向にあります。そこで動作や行為のプロセスと結果を具体的に示す成分が必要になります。結果補語となるのは限られた動詞と形容詞です。

　日本語と比較してみてみましょう。

【参考】

〈動詞〉
① 【到 dào】動作の結果、目的に達成する。
　収到了 shōudào le
　：受け取った。
　找到 zhǎodào
　：（探して）見つかる。
② 【完 wán】完了する。
　学完了第八课 xuéwán le dìbā kè
　：第八課を学び終えた。
③ 【懂 dǒng】分かる。理解する。
　听懂 tīngdǒng
　：聞いて分かる。
④ 【成 chéng】…にする。
　翻译成中文 fānyìchéng zhōngwén
　：中国語に翻訳する。
⑤ 【上 shàng】目的の到達や、動作・状態の開始と持続を表す。
　考上大学 kǎoshàng dàxué
　：大学に合格する。
　喜欢上汉语了 xǐhuānshàng Hànyǔ le
　：中国語が好きになった。
⑥ 【住 zhù】固定する。安定する。
　记住 jìzhù
　：（しっかりと）覚える。
⑦ 【给 gěi】物や伝達を受け取る者を導く。
　介绍给日本 jièshàogěi Rìběn
　：日本に紹介する。

〈形容詞〉
① 【好 hǎo】動作の結果、動作の完成・十分な程度まで達する。
　写好了 xiěhǎo le
　：書き上げた。
　学好汉语 xuéhǎo Hànyǔ
　：中国語をマスターする。
② 【错 cuò】間違える。
　说错 shuōcuò
　：言い間違える。
③ 【干净 gānjìng】きれいである。
　洗干净 xǐgānjìng
　：きれいに洗う。
④ 【饱 bǎo】十分である。
　吃饱 chībǎo
　：（食べて）お腹が一杯になる。
⑤ 【坏 huài】…してだめになる。
　弄坏了 nònghuài le
　：（いじって）壊してしまった。
⑥ 【清楚 qīngchu】はっきりしている。
　看清楚 kànqīngchu
　：はっきり見える。
⑦ 【累 lèi】疲れる。
　走累 zǒulèi
　：歩き疲れる。

第十一课 我把同学们都叫来吧。
Dì shíyī kè　　Wǒ bǎ tóngxuémen dōu jiàolai ba.

学習ポイント ▶ 1. "听说"　2. 指示代詞 "这么" "那么"　3. 介詞 "把"　4. 副詞 "挺"
　　　　　　　5. "…什么的"　6. 兼語文 "请／让／叫"　7. 副詞 "就"　8. "好吗" と "好呢"
　　　　　　　9. "要是…的话,"

新出単語　B-52

1.	听说 tīng//shuō	聞くところによると…だそうだ		13.	餐厅 cāntīng	[名]食堂．レストラン
2.	回国 huí//guó	帰国する			公用餐厅 gōngyòng cāntīng	共同ダイニング
3.	急 jí	[動]急ぐ		14.	挺 tǐng	[副]かなり．なかなか
4.	开 kāi	[動]開く		15.	让 ràng	[動]…させる
5.	欢送会 huānsònghuì	[名]送別会		16.	三明治 sānmíngzhì	[名]サンドイッチ
	开欢送会 kāi huānsònghuì	送別会を開く		17.	什么的 shénme de	[助]…など
6.	就 jiù	[副]そうならば		18.	定 dìng	[動]決める．決まる
7.	把 bǎ	[介]…を		19.	对了 duì le	(何かを思い出して) あ，そうだ
8.	叫 jiào	[動]呼びかける		20.	要是 yàoshi	[接]もし
9.	好的 hǎo de	[嘆]文頭に用い，同意などを表す．はい		21.	的话 de huà	[助]ならば
10.	哎 āi	[嘆]呼びかけや注意を促すときに発する言葉．ねえ．ちょっと		22.	请 qǐng	[動]頼む．してもらう．招く
11.	公寓 gōngyù	[名]アパート．マンション		23.	帮 bāng	[動]手伝う
12.	公用 gōngyòng	[動]共同		24.	收拾 shōushi	[動]片づける

第十一课

📍 本文 🔊 B-53

キャンパスで、阿部君と林さんが話しているところに、李さんが急遽帰国することになったとの電話連絡がありました。さて……

阿部亮：听说 李丽 要 回国 了。是 真 的 吗？
Ābù Liàng：Tīng shuō Lǐ Lì yào huí guó le. Shì zhēn de ma?

林惠：是 真 的。昨天 她 告诉 我 她 已经 买好了 这个
Lín Huì：Shì zhēn de. Zuótiān tā gàosu wǒ tā yǐjing mǎihǎole zhè ge

星期三 的 机票。
xīngqīsān de jīpiào.

阿部亮：这么 急 啊。 我们 什么 时候 开 欢送会 呢？
Zhème jí a. Wǒmen shénme shíhou kāi huānsònghuì ne?

林惠：我们 今天 晚上 就 开，怎么样？
Wǒmen jīntiān wǎnshang jiù kāi, zěnmeyàng?

阿部亮：行。 我 把 同学们 都 叫来 吧。
Xíng. Wǒ bǎ tóngxuémen dōu jiàolai ba.

林惠：好 的。 哎，欢送会 在 哪儿 开 好 呢？
Hǎo de. Āi, huānsònghuì zài nǎr kāi hǎo ne?

阿部亮：去 我 那儿 吧。 我们 公寓 的 公用 餐厅 挺 大 的。
Qù wǒ nàr ba. Wǒmen gōngyù de gōngyòng cāntīng tǐng dà de.

林惠：好 的。 我 让 铃木 买 些 三明治 什么 的 带去。
Hǎo de. Wǒ ràng Língmù mǎi xiē sānmíngzhì shénme de dàiqu.

阿部亮：行，这 事 就 这么 定 了。对 了，要是 你 有 时间 的
Xíng, Zhè shì jiù zhème dìng le. Duì le, yàoshi nǐ yǒu shíjiān de

话， 请 帮 我 把 餐厅 收拾 一下，好 吗？
huà, qǐng bāng wǒ bǎ cāntīng shōushi yíxià, hǎo ma?

林惠：没 问题。
Méi wèntí.

159

文法の要点

1. **"听说"**:「(…と)聞いている／聞くところによると…だそうだ」
    1) 听说李丽要回国了。　　　　　　Tīng shuō Lǐ Lì yào huí guó le.
    2) 听说你昨天晚上去看京剧了。　　Tīng shuō nǐ zuótiān wǎnshang qù kàn jīngjù le.
    3) 听说中国老师也会说日语。　　　Tīng shuō Zhōngguó lǎoshī yě huì shuō Rìyǔ.
    4) 听老师说中田正在学汉语。　　　Tīng lǎoshī shuō Zhōngtián zhèngzài xué Hànyǔ.

2. **指示代詞"这么""那么"**:「このように／こう／あのように」
    1) 你没有他那么高。　　　　　　Nǐ méiyǒu tā nàme gāo.
    2) 你怎么这么急啊？　　　　　　Nǐ zěnme zhème jí a？
    3) 怪不得你的汉语说得这么好。　Guàibude nǐ de Hànyǔ shuō de zhème hǎo.
    4) 你有那么多钱吗？　　　　　　Nǐ yǒu nàme duō qián ma？

3. **介詞"把"**:目的語を動詞の前に置くことにより、動作の対象に対する処置や処置の結果を強調する。「…を」

    〈"把"を用いた文の語順〉

    主語＋把＋目的語＋動詞＋付加成分
    　　　　　処置対象　処置の仕方と結果
    　　　　　（…を　　　…する）

    　我　把 那本小说 看　　完了。

    1) 我把同学们都叫来吧。　　　Wǒ bǎ tóngxuémen dōu jiàolai ba.
    2) 请把书打开。　　　　　　　Qǐng bǎ shū dǎkāi.
    3) 你把房间打扫一下吧。　　　Nǐ bǎ fángjiān dǎsǎo yíxià ba.
    4) 她还没有把餐厅收拾干净。　Tā hái méiyǒu bǎ cāntīng shōushi gānjìng.
    5) 你可以把这些东西都带回去。Nǐ kěyǐ bǎ zhè xiē dōngxi dōu dàihuiqu.
    6) 我想把日元兑换成人民币。　Wǒ xiǎng bǎ rìyuán duìhuànchéng rénmínbì.

4. **副詞"挺"**:程度が甚だしいことを表す。

    挺 ＋形容詞／動詞＋的 :「とても…だ」

    1) 我们公寓的公用餐厅挺大的。　　Wǒmen gōngyù de gōngyòng cāntīng tǐng dà de.
    2) 我家离学校挺远的。　　　　　　Wǒ jiā lí xuéxiào tǐng yuǎn de.
    3) 汪老师包的饺子挺好吃的。　　　Wāng lǎoshī bāo de jiǎozi tǐng hǎochī de.
    4) 听说迪斯尼乐园挺好玩儿的。　　Tīng shuō Dísīní lèyuán tǐng hǎowánr de.

5. "…什么的"：ひとつあるいは複数の列挙した事物の後に用い「…など」の意を表す。
    1) 她们常常一块儿听听音乐、看看电影什么的。
                    Tāmen chángcháng yíkuàir tīngting yīnyuè、kànkan diànyǐng shénme de.
    2) 你把这些三明治什么的给弟弟送去。
                                Nǐ bǎ zhè xiē sānmíngzhì shénme de gěi dìdi sòngqu.
    3) 游泳、打棒球什么的，我都喜欢。   Yóu yǒng, dǎ bàngqiú shénme de, wǒ dōu xǐhuan.

6. 兼語文"请／让／叫"：依頼・使役など
    兼語とは、前の動詞の目的語と後ろの動詞の主語を兼ねる意。
            〈兼語〉
    主語＋動詞＋目的語
            主語＋動詞＋目的語
    我们   请   老张
            老张　介绍　中国电影。

    1) 他请朋友吃饭了。   Tā qǐng péngyou chī fàn le.
    2) 你叫他去买吧。   Nǐ jiào tā qù mǎi ba.
    3) 老师叫我回答问题。   Lǎoshī jiào wǒ huídá wèntí.
    4) 老师应该让学生多练习对话。   Lǎoshī yīnggāi ràng xuésheng duō liànxí duìhuà.
    5) 爸爸不让妹妹一个人去小张那儿玩儿。
                    Bàba bú ràng mèimei yí ge rén qù xiǎo Zhāng nàr wánr.

7. 副詞"就"の表現：①「すぐに」　②「ほかでもなく」　③「…ならば…だ」
    1) 请等一下，他就来。   Qǐng děng yíxià, tā jiù lái.
    2) 我过一会儿就给你送过去。   Wǒ guò yíhuìr jiù gěi nǐ sòngguoqu.
    3) 她就是李丽同学。   Tā jiù shì Lǐ Lì tóngxué.
    4) 问题就在这里。   Wèntí jiù zài zhèli.
    5) 行，就这么定了。   Xíng, jiù zhème dìng le.
    6) 这事就拜托你了。   Zhè shì jiù bàituō nǐ le.

8. "好吗"と"好呢"：丁寧な疑問表現。
    "好吗"：話者の提案に対する賛否や同意を求める語気。「よろしいですか」
    "好呢"：聞き手に提案を求めたり、意向を尋ねる。「よいですか（ね）」
    1) 请帮我把餐厅收拾一下，好吗？   Qǐng bāng wǒ bǎ cāntīng shōushi yíxià, hǎo ma？
    2) 你把这些东西交给他，好吗？   Nǐ bǎ zhè xiē dōngxi jiāogěi tā, hǎo ma？

3) 你把这本小说翻译成中文，好吗？
　　　　　　　　　　　Nǐ bǎ zhè běn xiǎoshuō fānyìchéng Zhōngwén, hǎo ma ?
4) 欢送会在哪儿开好呢？　　Huānsònghuì zài nǎr kāi hǎo ne ?
5) 你让我说什么好呢？　　　Nǐ ràng wǒ shuō shénme hǎo ne ?

9. "要是…的话"：仮定条件を表す。「もし…ならば、……」
   1) 要是你有时间的话，请帮我把餐厅收拾一下，好吗？
   　　　　　　　Yàoshi nǐ yǒu shíjiān de huà, qǐng bāng wǒ bǎ cāntīng shōushi yíxia, hǎo ma ?
   2) 要是便宜的话，我就买。　　Yàoshi piányi de huà, wǒ jiù mǎi.
   3) 要是我会说汉语就好了。　　Yàoshi wǒ huì shuō Hànyǔ jiù hǎo le.

補充単語　　B-54

1.	京剧 jīngjù	[名]京劇	12.	交 jiāo	[動]手渡す．提出する
2.	那么 nàme	[指代]あのように．あんなに	13.	翻译 fānyì	[動]翻訳する
3.	打开 dǎkāi	[動]開ける．開く		放 fàng	[動]置く
4.	打扫 dǎsǎo	[動]掃除する		在 zài	[動+在]到達場所を表す
5.	干净 gānjìng	[形]清潔だ．きれいだ		放在 fàngzài	…に置く
6.	兑换 duìhuàn	[動]両替する	14.	爱 ài	[動]愛する
7.	成 chéng	[動]…にする．…になる	15.	姥爷 lǎoye	[名]母方の祖父
8.	人民币 rénmínbì	[名]人民元	16.	姥姥 lǎolao	[名]母方の祖母
9.	好玩儿 hǎowánr	[形]おもしろい	17.	准备 zhǔnbèi	[動]準備する
10.	叫 jiào	[動]〜させる	18.	盼望 pànwàng	[動]待ち望む
11.	拜托 bàituō	[動]お願いする	19.	到来 dàolái	[名・動]到来（する）

第十一课

練習問題

1. 次の組み合わせ語句の空欄を埋めなさい。

▼日本語	▼ピンイン	▼簡体字
① 帰国する		
② 手伝う		
③ 頼む		
④ あ、そうだ		
⑤ もし時間があるならば		
⑥	jí	
⑦	tīng shuō	
⑧	gōngyòng cāntīng	
⑨	ràng tā mǎi	
⑩	shōushi gānjìng	
⑪		好玩儿
⑫		公寓
⑬		开欢送会
⑭		三明治什么的
⑮		兑换

2. 置き換え練習

① 你帮我把餐厅收拾一下，好吗？
　—好的。

房间／打扫／干净
那本书／放在／书架上
这句话／翻译成／日语

② 老师让学生做什么？
　—老师让学生练习对话。

回答问题　背课文
　　　　　念生词

③ 今天我们请谁吃饭？
　—请李丽吃饭。

看电影　介绍学习的秘诀
　　谈谈在中国的留学生活

④ 公用餐厅怎么样？
　—挺大的。

大学／漂亮　味道／好吃
迪斯尼乐园／好玩儿

⑤ 要是有时间的话，你做什么？
　—要是有时间的话，我就打扫房间。

星期天／在家看书
没有课／去打工
会说汉语／去中国旅游

3. 日本語に合うように、[　]の中の語句を並べ替えなさい。

① [我　练习　练习　让　好吗]
私にちょっと練習させてください、よろしいですか。
_____

② [你　三明治　什么的　把　买回来　都　吧]
あなたはサンドイッチなどを買ってきて下さい。
_____

③ [他　弹　弹　钢琴　得　挺　不错　的　听说]
話によると、彼はピアノがすごく上手だそうです。
_____

④ [你　二十岁　要是　的话　能　就　喝酒]
もしあなたが20歳ならば、お酒を飲むことができます。
_____

⑤ [我们　谁　请　中国　情况　的　介绍　好呢]
私たちは誰に中国の様子を紹介してもらったらいいかしら。
_____

4. 中国語に訳しなさい。
   ① 先生は学生に会話の練習をさせます。

   ② 中国での留学生活を鈴木さんにちょっと紹介してもらいましょう。

   ③ 彼女はあの小説を中国語に訳したそうです。

   ④ 送別会はどこで開いたらよろしいでしょうか。

   ⑤ あなたを一人で外国旅行に行かせることはできません。

5. **中国語の質問と応答** B-55
   本文の内容に即して答えなさい。
   ① 李丽要回国了，是真的吗?

   ② 李丽已经买好了回国的机票吗?

   ③ 李丽打算什么时候回国?

   ④ 日本同学什么时候开欢送会?

   ⑤ 日本同学在哪儿开欢送会?

   ⑥ 为什么在阿部同学那儿开欢送会呢?

   ⑦ 林惠让铃木买什么带去?

   ⑧ 阿部请林惠帮他做什么?

6. 次の文章を朗読し、さらに日本語に訳しなさい。　B-56

我的妈妈

　　我妈妈是中国人，今年四十五岁。我妈妈从北京来日本已经二十年了。妈妈刚到日本的时候，一句日语也不会说，但是现在已经说得很好了。妈妈现在在日中翻译公司工作，每天早早儿地起床，先给家人做好早饭，把家里收拾干净，然后去公司上班。晚上回来以后还认真地教我汉语。妈妈让我看中文电视，用汉语聊天儿。妈妈常常对我说：中国历史很长，汉语发音很美，汉字很有意思。你一定要把汉语学好。

　　我爱妈妈，也想去北京见姥爷姥姥。但是，现在我正在准备考大学，不能去。

　　明年我要是考上了大学，就可以去北京了。我盼望着那一天的到来。

*刚 gāng：…したばかり
*起床 qǐ chuáng：起床する
*以后 yǐhòu：以降

● 動詞と名詞の結びつき

複数の漢字が並んだ場合に、中国語はそれがどのような品詞で構成されているのか注意が必要です。

たとえば、"上 shàng 课 kè（授業に出る）"は"上"が動詞、"课"が目的語で成り立っていて、英語の授業に出るは"上英语课"になります。"上课英语"のような誤りをしないように。

また日本語の動詞と意味が異なることにも気をつけましょう。

【参考】

吃▼饭 chī fàn（ご飯を食べる）
吃▼药 chī yào（薬をのむ）
穿▼西服 chuān xīfú（洋服を着る）
穿▼皮鞋 chuān píxié（革靴を履く）
打▼工 dǎ gōng（アルバイトをする）
打▼电话 dǎ diànhuà（電話をかける）
打▼棒球 dǎ bàngqiú（野球をする）
打▼的 dǎ dī（タクシーに乗る）
打▼领带 dǎ lǐngdài（ネクタイを締める）
打扫▼房间 dǎsǎo fángjiān（部屋を掃除する）
带▼伞 dài sǎn（傘を持つ）
发▼电子邮件 fā diànzǐyóujiàn（Eメールを送信する）
发▼卷舌音 fā juǎnshéyīn（捲舌音を発音する）
发▼信 fā xìn（手紙を出す）
翻译▼小说 fānyì xiǎoshuō（小説を翻訳する）
复习▼功课 fùxí gāngkè（授業の復習をする）
告诉▼秘诀 gàosu mìjué（秘訣を教える）
刮▼风 guā fēng（風が吹く）
喝▼茶 hē chá（お茶を飲む）
滑▼雪 huá xuě（スキーをする）
回▼家 huí jiā（家に帰る）
教▼汉语 jiāo Hànyǔ（中国語を教える）
见▼面 jiàn miàn（対面する／会う）
借▼词典 jiè cídiǎn（辞典を借りる／貸す）
进▼教室 jìn jiàoshì（教室に入る）
开▼车 kāi chē（車を運転する）
开▼欢送会 kāi huānsònghuì（送別会を開く）

看▼书 kàn shū（本を読む）
看▼电视 kàn diànshì（テレビを観る）
看▼病 kàn bìng（診察を受ける）
看▼朋友 kàn péngyou（友達を訪ねる）
聊▼天儿 liáo tiānr（おしゃべりする）
骑▼自行车 qí zìxíngchē（自転車に乗る）
起▼床 qǐ chuáng（起床する）
上▼班 shàng bān（出勤する）
上▼网 shàng wǎng（インターネットに接続する）
睡▼觉 shuì jiào（眠る）
说▼话 shuō huà（話しをする）
送▼客人 sòng kèren（お客を見送る）
送▼礼物 sòng lǐwù（プレゼントを贈る）
跳▼舞 tiào wǔ（ダンスをする）
问▼问题 wèn wèntí（質問をする）
下▼课 xià kè（授業が終わる）
下▼车 xià chē（車を下りる）
下▼雨 xià yǔ（雨が降る）
写▼信 xiě xìn（手紙を書く）
照▼相 zhào xiàng（写真を撮る）
住▼饭店 zhù fàndiàn（ホテルに泊まる）
住▼二楼 zhù èr lóu（二階に住む）
做▼作业 zuò zuòyè（宿題をする）
做▼菜 zuò cài（料理を作る）
坐▼椅子 zuò yǐzi（椅子にすわる）
坐▼飞机 zuò fēijī（飛行機に乗る）

第十二课 为我们的友谊干杯！
Dì shí'èr kè　　Wèi wǒmen de yǒuyì gān bēi !

学習ポイント ▶ 1. 存現文　2. 副詞"别 / 不要"　3. 副詞"刚"　4. 可能補語　5. 程度補語"极了"
6. "希望…"　7. "谢谢…"　8. "祝…"　9. 介詞"为"

新出単語　B-57

1.	哎哟 āiyō	[嘆]びっくりしたり，苦しかったりするときに発する言葉．あっ．ああ		15.	棒 bàng	[形]すばらしい
2.	外边儿 wàibianr	[方]外		16.	极了 jí le	[形+极了]極めて
3.	下 xià	[動]降る		17.	过奖 guòjiǎng	[動]ほめすぎる
4.	大雨 dàyǔ	[名]大雨		18.	收 shōu	[動]受け取る
	下大雨 xià dàyǔ	大雨が降る			收下 shōuxià	(贈り物などを) 納める
5.	肯定 kěndìng	[副]きっと		19.	希望 xīwàng	[動]希望する
6.	着急 zháo//jí	焦る		20.	以后 yǐhòu	[方]以降
7.	久 jiǔ	[形]久しい		21.	联系 liánxì	[動]連絡する
8.	刚 gāng	[副]…したばかりだ		22.	招待 zhāodài	[動]招待する．もてなす
9.	急事 jíshì	[名]急用		23.	度过 dùguò	[動]過ごす
10.	来不了 láibuliǎo	[動]来られない		24.	愉快 yúkuài	[形]楽しい
11.	首 shǒu	[量]…曲		25.	夜晚 yèwǎn	[名]夜
12.	民歌 míngē	[名]民謡		26.	祝 zhù	[動]祝う．祈る
13.	茉莉花 mòlihuā	[名]ジャスミン		27.	健康 jiànkāng	[形]健康だ
14.	鼓掌 gǔ//zhǎng	拍手する		28.	进步 jìnbù	[名・動]進歩（する）

29.	为 wèi	[介]（…の）ために	31.	干杯 gān//bēi	乾杯する
30.	友谊 yǒuyì	[名]友情		来 lái	（人を促して）さあ

本　文　　B-58

阿部君のマンションの共用ダイニングで、李さんの送別会の準備をしています。ところが、急に大雨が降ってきました。でも準備万端整い、送別会が開かれます。

阿部亮：哎哟，外边儿　下　大雨　了。
Ābù Liàng：Āiyō, wàibianr　xià　dàyǔ　le.

林惠：这么　大　的　雨，同学们　会　不　会　都　来　呀？
Lín Huì：Zhème　dà　de　yǔ, tóngxuémen　huì　bu　huì　dōu　lái　ya？

阿部亮：肯定　都　会　来　的。别　着急。
　　　　Kěndìng　dōu　huì　lái　de. Bié　zháo jí.

铃木贵子：让　你们　久　等　了。
Língmù Guìzǐ：Ràng　nǐmen　jiǔ　děng le.

林惠：没　事儿。我们　也　刚　到。
　　　Méi　shìr. Wǒmen　yě　gāng　dào.

铃木贵子：啊，中田　美奈　说，她　有　急事，来不了　了。
　　　　　Ā, Zhōngtián Měinài shuō,　tā　yǒu　jíshì, láibuliǎo　le.

阿部亮：那　好。咱们　开始　吧。
　　　　Nà　hǎo. Zánmen　kāishǐ　ba.

林惠：李丽，你 唱 一 首 歌儿 吧。
　　　Lǐ Lì, nǐ chàng yì shǒu gēr ba.

李丽：日语 歌，我 唱不好，唱 首 中国 民歌《茉莉花》吧。
Lǐ Lì : Rìyǔ gē, wǒ chàngbuhǎo, chàng shǒu Zhōngguó míngē 《Mòlihuā》ba.

　　　（唱完，大家 鼓掌）
　　　（Chàngwán, dàjiā gǔ zhǎng）

铃木贵子：李 丽，唱得 真 好！ 棒 极了！
　　　　　Lǐ Lì, chàngde zhēn hǎo! Bàng jí le!

李丽：哪里 哪里。 过奖 了。
　　　Nǎli nǎli. Guòjiǎng le.

林惠：李 丽，这 些 礼物 是 我们 的 一点儿 心意。请 收下。
　　　Lǐ Lì, zhè xiē lǐwù shì wǒmen de yìdiǎnr xīnyì. Qǐng shōuxià.

铃木贵子：希望 你 回 国 以后 常 跟 我们 联系。
　　　　　Xīwàng nǐ huí guó yǐhòu cháng gēn wǒmen liánxì.

李丽：谢谢 大家 的 热情 招待，让 我 度过了 一 个 愉快 的
　　　Xièxie dàjiā de rèqíng zhāodài, ràng wǒ dùguòle yí ge yúkuài de

　　　夜晚。我 祝 大家 身体 健康、汉语 进步！
　　　yèwǎn. Wǒ zhù dàjiā shēntǐ jiànkāng, Hànyǔ jìnbù!

阿部亮：来，为 我们 的 友谊 干杯！
　　　　Lái, wèi wǒmen de yǒuyì gān bēi!

大家：干杯！
Dàjiā : Gān bēi!

📍 文法の要点

1. **存现文**：存在及び新たな出現や消失などの現象を表す文。

   （場所・時）＋動詞〈存在・出現・消失〉＋人／事物

▶動詞のうしろは不特定の人・事物。

〔1〕 存在
   1) 教室里有很多学生。　　　　　　　Jiàoshì li yǒu hěn duō xuésheng.
   2) 我家有一只狗。　　　　　　　　　Wǒ jiā yǒu yì zhī gǒu.
   3) 客厅里坐着不少客人。　　　　　　Kètīng li zuòzhe bù shǎo kèren.

〔2〕 出現・消失
   4) 我们班来了两个美国留学生。　　　Wǒmen bān láile liǎng ge Měiguó liúxuéshēng.
   5) 他们公司丢了一台电脑。　　　　　Tāmen gōngsī diūle yì tái diànnǎo.

〔3〕 自然現象
   6) 外边儿下大雨了。　　　　　　　　Wàibianr xià dàyǔ le.
   7) 昨天下了一点儿雪。　　　　　　　Zuótiān xiàle yìdiǎnr xuě.

▶無主語文としても成立する。
   8) 快要发芽了。　　　　　　　　　　Kuài yào fā yá le.
   9) 刮风了。　　　　　　　　　　　　Guā fēng le.

2. **副詞"别／不要"**：禁止を表す。「…するな」
▶"别／不要…了"：阻止「…するのをやめて／…しないで」
   1) 不要害臊。　　　　　　　　　　　Búyào hài sào.
   2) 你不要让孩子去滑雪。　　　　　　Nǐ búyào ràng háizi qù huá xuě.
   3) 别着急。　　　　　　　　　　　　Bié zháo jí.
   4) 你别把我忘了。　　　　　　　　　Nǐ bié bǎ wǒ wàng le.

3. **副詞"刚"**：「…したばかり」
   1) 我们也刚到中国。　　　　　　　　Wǒmen yě gāng dào Zhōngguó.
   2) 他刚从大学毕业。　　　　　　　　Tā gāng cóng dàxué bì yè.
   3) 我们刚学完第十课。　　　　　　　Wǒmen gāng xuéwán dì shí kè.
   4) 我刚来一会儿。　　　　　　　　　Wǒ gāng lái yíhuìr.

4. **可能補語**：可能・不可能を表す。「できる／できない」
   動詞と結果補語または方向補語の間に"得／不"を置くことにより可能・不可能を表す。

   動詞＋得／不＋結果補語　　　　動詞＋得／不＋方向補語
   　　　买得到　　　　　　　　　　　回得来
   　　　买不到　　　　　　　　　　　回不来
   　　　写得完　　　　　　　　　　　爬得上来
   　　　写不完　　　　　　　　　　　爬不上来

   1）我唱不好日语歌。　　　　　　　Wǒ chàngbuhǎo Rìyǔ gē.
   2）他有急事，来不了了。　　　　　Tā yǒu jíshì, láibuliǎo le.
   3）我们今天学得完第十二课。　　　Wǒmen jīntiān xuédewán dì shí'èr kè.
   4）老师说的汉语，你听得懂听不懂？　Lǎoshī shuō de Hànyǔ, nǐ tīngdedǒng tīngbudǒng？
   　—我一句也听不懂。　　　　　　　—Wǒ yí jù yě tīngbudǒng.
   5）那么高的山，你爬得上去吗？　　Nàme gāo de shān, nǐ pádeshàngqu ma？
   6）下大雨了，他回不来了。　　　　Xià dàyǔ le, tā huíbulái le.

   可能補語と様態補語
   　　　　　　〈可能補語〉　　　　　　　　　〈様態補語〉
   　　　　　　唱得好（上手に歌うことができる）　唱得 好（歌い方が上手だ）
   　　　　　　　　　　　　　　　　　　　　　　唱得 很好。（歌い方がとても上手だ）
   　否　　定：唱不好（上手に歌うことができない）唱得 不好。（歌い方が上手でない）
   　反復疑問：唱得好唱不好？　　　　　　　　　唱得 好不好？（歌い方が上手ですか？）
   　　　　　　（上手に歌うことができますか？）

5. **程度補語"极了"**
   形容詞＋极了　程度が甚だしいことを示す。「極めて／すごく…だ」
   1）迪斯尼乐园好玩儿极了。　　　　Dísīní lèyuán hǎowánr jí le.
   2）王府井热闹极了。　　　　　　　Wángfǔjǐng rènao jí le.
   3）我肚子饿极了。　　　　　　　　Wǒ dùzi è jí le.
   4）林惠的卷舌音发得棒极了。　　　Lín Huì de juǎnshéyīn fāde bàng jí le.

6. **動詞"希望…"**：「…を望む／したいと思う」
   1）希望你回国以后常跟我们联系。　Xīwàng nǐ huí guó yǐhòu cháng gēn wǒmen liánxì.
   2）我非常希望大家明年继续选修汉语。
   　　　　　　　　　　　　　　　　Wǒ fēicháng xīwàng dàjiā míngnián jìxù xuǎnxiū Hànyǔ.
   3）我们都希望你也一起去。　　　　Wǒmen dōu xīwàng nǐ yě yìqǐ qù.

7. **動詞"谢谢"**：「…に感謝する」
    1) 谢谢大家的热情招待。　　　　　Xièxie dàjiā de rèqíng zhāodài.
    2) 谢谢同学们的帮助。　　　　　　Xièxie tóngxuémen de bāngzhù.
    3) 谢谢你发来的电子邮件。　　　　Xièxie nǐ fālai de diànzǐ yóujiàn.

8. **動詞"祝"**：「(…を)心から願う／祈る」
    1) 祝大家身体健康，汉语进步！　　Zhù dàjiā shēntǐ jiànkāng, Hànyǔ jìnbù !
    2) 祝你们幸福！　　　　　　　　　Zhù nǐmen xìngfú !
    3) 祝同学们新年快乐！　　　　　　Zhù tóngxuémen xīnnián kuàilè !

9. **介詞"为"**：動作の受益者を導く。「…のために」
    1) 为我们的友谊干杯！　　　　　　Wèi wǒmen de yǒuyì gān bēi !
    2) 你们不用为我担心。　　　　　　Nǐmen búyòng wèi wǒ dān xīn.
    3) 我一定会为你安排好的。　　　　Wǒ yídìng huì wèi nǐ ānpáihǎo de.
    4) 这是我为你带来的。　　　　　　Zhè shì wǒ wèi nǐ dàilai de.

補充単語　B-59

1.	客厅 kètīng	[名]応接間	8.	滑 huá	[動]滑る
2.	丢 diū	[動]紛失する		滑雪 huá//xuě	スキーをする
3.	雪 xuě	[名]雪	9.	忘 wàng	[動]忘れる
4.	芽 yá	[名]木の芽	10.	毕业 bì//yè	卒業する
	发芽 fā yá	芽が出る	11.	王府井 Wángfǔjǐng	[名]王府井
5.	刮 guā	[動]吹く	12.	热闹 rènao	[形]にぎやかだ
6.	风 fēng	[名]風	13.	肚子 dùzi	[名]お腹
	刮风 guā fēng	風が吹く	14.	饿 è	[形]お腹が空く
7.	孩子 háizi	[名]子供	15.	卷舌音 juǎnshéyīn	[名]卷舌音

16.	继续 jìxù	[動] 続ける		23.	自我 zìwǒ	[人代] 自己
17.	选修 xuǎnxiū	[動]（選択科目を）履修する			自我介绍 zìwǒjièshào	[名・動] 自己紹介（する）
18.	幸福 xìngfú	[形] 幸福である		24.	中餐馆 zhōngcānguǎn	[名] 中華料理店
19.	新年 xīnnián	[名] 新年		25.	年轻人 niánqīngrén	[名] 若者
20.	快乐 kuàilè	[形] 楽しい		26.	通过 tōngguò	[介]（…を）とおして
21.	担心 dān//xīn	心配する		27.	了解 liǎojiě	[動] 理解する
22.	安排 ānpái	[動] 段取りをつける		28.	欢乐 huānlè	[形] 楽しい．喜び
	早就 zǎojiù	[副] とっくに		29.	兵马俑 Bīngmǎyǒng	[名] 兵馬俑
	晚 wǎn	[形] 遅い		30.	所以 suǒyǐ	[接] だから
	来得及 láidejí	間に合う				
	来不及 láibují	間に合わない				

練習問題

1. 次の組み合わせ語句の空欄を埋めなさい。

	▼日本語	▼ピンイン	▼簡体字
①	焦るな		
②	卒業する		
③	来られない		
④	お待たせしました		
⑤	友情のために乾杯する		
⑥		xià dàyǔ	
⑦		kěndìng	
⑧		jíshì	
⑨		xīwàng	
⑩		liánxì	
⑪			所以
⑫			祝新年快乐
⑬			鼓掌
⑭			健康
⑮			进步

2. 置き換え練習

① 小李 早就 来 了 吧？
—不，小李 刚 来。

	到 学校
回 家	毕 业

② 这么 晚 了，你 回 得 来 回 不 来？
—我 回 得 来／回 不 来。

晚了／来／及	多／吃／完
远／走／回去	难／看／懂

③ 李 丽 唱 歌 唱 得 怎么样？
—唱 得 棒 极 了

	说 汉语／说／流利
打 网球／打／漂亮	游泳／游／快

3. 日本語に合うように、[ ]の中の語句を並べ替えなさい。

① [大雨 下 了 外边儿]
外は大雨が降ってきました。

_____

② [中国 到 刚 的 时候 ， 我 也 汉语 一 句 听 不懂]
中国に着いたばかりのころ、私は一言の中国語も、聞いて分かりませんでした。

_____

③ [这么 高 山 你 爬 上 去 的 得 吗]
こんなに高い山、あなたはのぼれますか。

_____

④ [你 北京 回 常 我们 希望 以后 跟 联系]
あなたが北京に戻ったあとも、いつも私たちと連絡しあうことを望みます。

_____

⑤ [让 唱 中国 民歌 首 为 我们 李丽 吧]
私たちのために李麗さんに中国の民謡を一曲歌ってもらいましょう。

_____

4. 中国語に訳しなさい。
   ① お誕生日、おめでとうございます。

   ② 兄は大学を卒業したばかりです。

   ③ 彼は急用ができて、来られなくなりました。

   ④ これらのお菓子は私たちのほんの気持ちです、どうぞお受け取りください。

   ⑤ 留学生活を楽しく過ごさせていただき、ありがとうございます。

5. 中国語の質問と応答　B-60
   本文の内容に即して答えなさい。
   ① 今天天气怎么样?

   ② 同学们会不会来参加欢送会?

   ③ 谁有急事来不了了?

   ④ 李丽唱得好日语歌吗?

   ⑤ 李丽唱中国民歌唱得棒不棒?

   ⑥ 同学们送李丽礼物了吗?

   ⑦ 铃木希望李丽回国以后还跟他们联系吗?

   ⑧ 李丽谢谢大家什么?

   ⑨ 李丽祝大家什么?

   ⑩ 大家为什么干杯?

6. 次の文章を朗読し、さらに日本語に訳しなさい。　B-61

自我介绍

　　我姓阿部，叫阿部亮。我是历史系日本历史专业一年级的学生，今年二十岁。我学了一年汉语了，也会说一点儿汉语了，但是，我发不好卷舌音。我觉得汉语的发音比英语难多了。不过，我喜欢学汉语。明年我还打算继续选修汉语。

　　我的爱好是看书。我对中国文学很感兴趣。我想把中国的文学作品介绍给日本。我希望大学毕业以后能在图书馆工作，一边工作一边翻译中国文学作品。

　　我有一个中国朋友，她是我在中餐馆打工时认识的。她很喜欢日本的动漫。她说：日本的动漫有意思极了。很多中国的年轻人就是通过动漫了解日本，喜欢上日本的。我也喜欢动漫，希望日本的动漫能给大家带来欢乐。

　　我还没有去过中国，我想去中国留学。我想在中国吃饺子，登长城，看兵马俑，跟中国人做朋友。所以我要把汉语学好。

　　我的自我介绍完了。谢谢大家！

＊介绍给 jièshào gěi：…に紹介する
＊时 shí：とき
＊作品 zuòpǐn：作品

中国語索引

※発音編第1課～第5課に記載されている単語は除く。

A

啊	ā	[嘆]	あっ	50
啊	a	[語助]	…よ	38
阿部亮	Ābù Liàng	[人名]	阿部亮	41
哎	āi	[嘆]	ねえ．ちょっと	158
哎哟	āiyō	[嘆]	あっ．ああ	168
爱	ài	[動]	愛する	162
爱好	àihào	[名・動]	趣味．趣味とする	80
安排	ānpái	[動]	段取りをつける	174

B

把	bǎ	[量]	…本．…脚	67
		[介]	…を	158
巴金	Bājīn	[名]	巴金（パキン）	112
爸爸	bàba	[名]	父	61
吧	ba	[語助]	…でしょう	46
		[語助]	…しなさいよ．…しましょうよ	123
拜托	bàituō	[動]	お願いする	162
班	bān	[名]	クラス	46
半	bàn	[名]	半	80
帮	bāng	[動]	手伝う	158
帮助	bāngzhù	[動]	手助けする	137
棒	bàng	[形]	すばらしい	168
棒球	bàngqiú	[名]	野球	123
包	bāo	[動]	包む	137
报	bào	[名]	新聞	123
杯	bēi	[量]	…杯	124
北	běi	[方]	北	71
北边	běibian	[方]	北側	72
北京	Běijīng	[名]	北京	73
北京大学	Běijīng dàxué	[名]	北京大学	73
北京烤鸭	běijīng kǎoyā	[名]	ペキンダック	87
北面	běimiàn	[方]	北側	71
背	bèi	[動]	暗唱する	87
被	bèi	[介]	…に．…から	144
本	běn	[量]	…冊	60
本子	běnzi	[名]	ノート	73
笔	bǐ	[名]	ペン．筆記用具	60

比	bǐ	[介]	…より	106
比较	bǐjiào	[副]	比較的	94
毕业	bì//yè		卒業する	173
边	biān / bian		…側．…（の）方	72
遍	biàn	[量]	…へん．…回	112
别	bié	[副]	…するな	46
别客气	bié kèqi		ご遠慮なく	46
兵马俑	Bīngmǎyǒng	[名]	兵馬俑	174
病	bìng	[名]	病気	144
不错	búcuò	[形]	すばらしい．良い	50
不过	búguò	[接]	でも	118
不太	bú tài		あまり…ない	46
不要	búyào	[副]	…するな	131
不用	búyòng	[副]	…する必要はない	87
不	bù / bú	[副]	…ない	38
不好意思	bù hǎoyìsi	[形]	恥ずかしい．きまりがわるい	150

C

菜	cài	[名]	料理．野菜．食材	87
参加	cānjiā	[動]	参加する	80
餐厅	cāntīng	[名]	食堂．レストラン	158
测验	cèyàn	[名]	テスト	35
茶	chá	[名]	お茶	50
差	chà	[動]	不足している	86
差不多	chàbuduō	[形]	ほとんど同じだ	106
差得远	chàde yuǎn		まだまだです	118
长	cháng	[形]	長い	106
常	cháng	[副]	いつも	80
常常	chángcháng	[副]	いつも	94
尝	cháng	[動]	味わう	137
长城	Chángchéng	[名]	万里の長城	138
唱	chàng	[動]	歌う	137
唱歌	chàng//gē		歌をうたう	137
超市	chāoshì	[名]	スーパーマーケット	98
车	chē	[名]	車	94
车站	chēzhàn	[名]	駅	72
成	chéng	[動]	…にする．…になる	162

179

成绩	chéngjì	[名]	成績	50		大家	dàjiā	[人代]	皆さん	130
吃	chī	[動]	食べる	87		大声	dàshēng		大きな声	33
吃饱	chībǎo		（食べて）お腹が一杯になる	157		大学	dàxué	[名]	大学	50
吃饭	chī fàn		ご飯を食べる	167		大学生	dàxuéshēng	[名]	大学生	41
吃药	chī yào		薬をのむ	167		大衣	dàyī	[名]	コート	111
迟到	chídào	[動]	遅刻する	150		大雨	dàyǔ	[名]	大雨	168
宠物	chǒngwù	[名]	ペット	61		呆	dāi	[動]	滞在する	112
抽	chōu	[動]	吸う	138		带	dài	[動]	持つ	130
抽烟	chōu//yān		タバコを吸う	138		带来	dàilai		持ってくる	130
出	chū	[動]	出る	150		带伞	dài sǎn		傘を持つ	167
出去	chūqu		出て行く	150		戴	dài	[動]	（メガネを）かける	150
出生	chūshēng	[動]	生まれる	138		担心	dān//xīn		心配する	174
穿	chuān	[動]	着る．はく	150		但是	dànshì	[接]	しかし	94
穿西服	chuān xīfú		洋服を着る	167		当然	dāngrán	[副]	当然	130
穿皮鞋	chuān píxié		革靴を履く	167		到	dào	[介]	…まで	94
初次	chūcì		初回	41				[動]	行く．来る．到着する	94
初次见面	chūcì jiàn miàn		初めまして	41				[動+到]	目的達成を表す	124
床	chuáng	[名]	ベッド	144		到来	dàolái	[名·動]	到来（する）	162
春节	Chūnjié	[名]	春節．中国の旧正月	111		的	de	[構助]	…の	46
词典	cídiǎn	[名]	辞典	68		得	de	[構助]	様態補語を導く	118
次	cì	[量]	…回	106		地	de	[構助]	連用修飾語をつくる	130
从	cóng	[介]	…から	94		得多	de duō	[形+够]	ずっと…だ	111
错	cuò	[形]	まちがえる	124		的话	de huà	[助]	ならば	158
		D				得	děi	[助動]	…しなければならない	94
打	dǎ	[動]	（球技などを）する	87		登	dēng	[動]	登る	138
		[動]	（電話を）かける	137		等	děng	[動]	待つ	99
		[動]	（ネクタイを）締める	150		迪斯尼乐园	Dísīní lèyuán	[名]	ディズニーランド	151
打败	dǎbài	[動]	打ち負かす	150		第	dì	[接頭]	第…	60
打棒球	dǎ bàngqiú		野球をする	167		弟弟	dìdi	[名]	弟	61
打的	dǎ//dī		タクシーに乗る	99		地铁	dìtiě	[名]	地下鉄	99
打电话	dǎ diànhuà		電話をかける	167		点	diǎn	[量]	…時	80
打工	dǎ//gōng		アルバイトをする	80		点名	diǎnmíng		出席をとる	33
打搅	dǎjiǎo	[動]	邪魔する	46		点心	diǎnxin	[名]	お菓子	130
打搅打搅	dǎjiǎo dǎjiǎo		ちょっとお邪魔します	46		电车	diànchē	[名]	電車	94
打开	dǎkāi	[動]	開ける．開く	162		电话	diànhuà	[名]	電話	137
打领带	dǎ lǐngdài		ネクタイを締める	167		电脑	diànnǎo	[名]	パソコン	60
打扫	dǎsǎo	[動]	掃除する	162		电视	diànshì	[名]	テレビ	87
打扫房间	dǎsǎo fángjiān		部屋を掃除する	167		电视机	diànshìjī	[名]	テレビ	61
打算	dǎsuan	[動]	…するつもりである	106		电影	diànyǐng	[名]	映画	80
大	dà	[形]	大きい	50		电子词典	diànzǐ cídiǎn	[名]	電子辞書	72

电子邮件	diànzǐ yóujiàn	[名]	Eメール	137
定	dìng	[動]	決める．決まる	158
丢	diū	[動]	紛失する	173
东	dōng	[方]	東	71
东边	dōngbian	[方]	東側	71
东京	Dōngjīng	[名]	東京	73
东西	dōngxi	[名]	物	87
懂	dǒng	[動]	分かる．理解する	123
动漫	dòngmàn	[名]	アニメーション	124
都	dōu	[副]	みな	68
读	dú	[動]	読む	112
度过	dùguò	[動]	過ごす	168
肚子	dùzi	[名]	お腹	173
短期	duǎnqī	[名]	短期	112
队	duì	[名]	チーム	150
对	duì	[形]	そうだ．正しい	56
		[介]	…に対して	118
对不起	duìbuqǐ		ごめんなさい．すみません	80
对…感兴趣	duì…gǎn xìngqù		…に興味を持っている	118
对话	duìhuà	[名]	会話	34
对了	duì le		（何かを思い出して）あ，そうだ	158
兑换	duìhuàn	[動]	両替する	162
对面	duìmiàn	[方]	真向かい	72
顿	dùn	[量]	…回	150
多	duō	[副]	多く	38
		[形]	多い	46
		[疑代]	どれくらい	56
多大	duō dà	[疑代]	いくつ．どれくらい	56
多了	duō le	[形+助]	ずっと…だ	118
多少	duōshao	[疑代]	どれぐらい	80

E

饿	è	[形]	お腹が空く	173
欸	ēi	[嘆]	ねえ	138
儿子	érzi	[名]	息子	111
二十一	èrshiyī	[数]	二十一	57

F

发	fā	[動]	発する．送信する	137
发电子邮件	fā diànzǐ yóujiàn		Eメールを送信する	167
发卷舌音	fā juǎnshéyīn		捲舌音を発音する	167
发烧	fā//shāo		熱が出る	144
发信	fā xìn		手紙を出す	167
发芽	fā yá		芽が出る	173
发音	fāyīn	[名]	発音	112
法国	Fǎguó	[名]	フランス	112
法律	fǎlǜ	[名]	法律	68
翻	fān	[動]	開く．めくる	33
翻译	fānyì	[動]	翻訳する	162
翻译成中文	fānyìchéng Zhōngwén		中国語に翻訳する	157
翻译小说	fānyì xiǎoshuō		小説を翻訳する	167
饭	fàn	[名]	ごはん	99
饭店	fàndiàn	[名]	ホテル．レストラン	111
房间	fángjiān	[名]	部屋	61
放	fàng	[動]	置く	162
放在	fàngzài		…に置く	162
放心	fàng//xīn		安心する	150
飞	fēi	[動]	飛ぶ	151
非常	fēicháng	[副]	非常に	130
飞机	fēijī	[名]	飛行機	111
分	fēn	[量]	…分	86
		[量]	貨幣の最小単位．…銭	138
分钟	fēnzhōng	[量]	…分間	94
风	fēng	[名]	風	173
封	fēng	[量]	…通	67
附近	fùjìn	[名]	付近．ちかく	61
富士山	Fùshìshān	[名]	富士山	112
复习	fùxí	[動]	復習する	87
复习功课	fùxí gōngkè		授業の復習をする	167

G

咖喱饭	gālífàn	[名]	カレーライス	123
干杯	gān//bēi		乾杯する	169
干净	gānjìng	[形]	清潔だ．きれいだ	162
感	gǎn	[動]	感じる	118
感冒	gǎnmào	[動]	風邪をひく	144
感冒药	gǎnmào yào	[名]	風邪薬	145
干	gàn	[動]	する．やる	144
刚	gāng	[副]	…したばかりだ	168
钢琴	gāngqín	[名]	ピアノ	137
高	gāo	[形]	高い	111
高铁	gāotiě	[名]	高速鉄道	123

高兴	gāoxìng	[形]	嬉しい	130
高中生	gāozhōngshēng	[名]	高校生	61
告诉	gàosu	[動]	教える．知らせる	131
告诉秘诀	gàosu mìjué		秘訣を教える	167
歌	gē	[名]	歌	137
哥哥	gēge	[名]	兄	56
个子	gèzi	[名]	身長	137
个	ge	[量]	…人．…個	56
给	gěi	[介]	…に．…ために	130
		[動]	与える	138
跟	gēn	[介]	…と．…のあとについて	106
更	gèng	[副]	さらに	111
功课	gōngkè	[名]	授業	87
公司	gōngsī	[名]	会社	50
公用	gōngyòng	[動]	共同	158
公用餐厅	gōngyòng cāntīng		共同ダイニング	158
公寓	gōngyù	[名]	アパート．マンション	158
工作	gōngzuò	[名・動]	仕事．働く	50
狗	gǒu	[名]	犬	56
鼓掌	gǔ//zhǎng		拍手する	168
刮	guā	[動]	吹く	173
刮风	guā fēng		風が吹く	173
怪不得	guàibude		道理で	124
关照	guānzhào	[動]	世話をする	38
贵姓	guìxìng		苗字はなんとおっしゃいますか	38
过	guò	[動]	過ぎる	86
		[動]	（時間が）経つ	145
过奖	guòjiǎng	[動]	ほめすぎる	168
过去	guòqu		向こうへ行く	145
过	guo	[動]	…したことがある	106

H

还	hái	[副]	ほかに．また	56
		[副]	まだ	112
还是	háishi	[接]	それとも	118
孩子	háizi	[名]	子供	173
害臊	hài//sào		恥ずかしがる	131
韩国	Hánguó	[名]	韓国	41
汉日词典	Hàn-Rì cídiǎn	[名]	中日辞書	73
汉语	Hànyǔ	[名]	中国語	46

汉字	hànzì	[名]	漢字	112
好	hǎo	[形]	良い．健康だ	41
		[形]	よろしい．わかりました	81
		[動+好]	動作がきちんと完了することを表す	118
好久不见了	Hǎo jiǔ bú jiàn le		お久しぶりです	46
好吃	hǎochī	[形]	美味しい	123
好的	hǎo de	[嘆]	はい	158
好好儿	hǎohāor		ちゃんと．十分に	137
好喝	hǎohē	[形]	（飲んで）美味しい	112
好看	hǎokàn	[形]	きれいだ	112
好玩儿	hǎowánr	[形]	おもしろい	162
号	hào	[名]	…日	86
喝	hē	[動]	飲む	50
喝茶	hē chá		お茶を飲む	167
和	hé	[接]	…と	56
很	hěn	[副]	とても	46
红茶	hóngchá	[名]	紅茶	87
后	hòu	[方]	後ろ	71
		[方]	（…の）あと	80
后边	hòubian	[方]	後ろの方	71
后年	hòunián	[名]	さらいねん	83
后天	hòutiān	[名]	あさって	83
滑	huá	[動]	滑る	173
滑雪	huá//xuě		スキーをする	173
话	huà	[名]	話し	123
欢乐	huānlè	[形]	楽しい．喜び	174
欢送会	huānsònghuì	[名]	送別会	158
欢迎	huānyíng	[動]	歓迎する	46
欢迎欢迎	huānyíng huānyíng		ようこそ．いらっしゃい	46
还	huán	[動]	返す．戻す	138
换	huàn	[動]	乗り換える．換える	94
回	huí	[動]	帰る	99
回答	huídá	[動]	答える	124
回国	huí//guó		帰国する	158
回家	huí jiā		家に帰る	167
回头见	huí tóu jiàn		後ほどまた	32
会	huì	[助動]	…できる	130
		[助動]	…であろう	144
会…的	huì…de		…するはずだ	144
活动	huódòng	[名]	活動	80

		J		
机票	jīpiào	[名]	航空券	124
急	jí	[動]	急ぐ	158
极了	jí le	[形+极]	極めて	168
急事	jíshì	[名]	急用	168
几	jǐ	[疑代]	いくつ	56
继续	jìxù	[動]	続ける	174
记住	jìzhù		(しっかりと)覚える	157
家	jiā	[名]	家	46
		[量]	…軒	67
家人	jiārén	[名]	家族	112
件	jiàn	[量]	…着	60
见	jiàn	[動]	会う	81
见面	jiàn//miàn		会う	41
健康	jiànkāng	[形]	健康だ	168
交	jiāo	[動]	手渡す．提出する	162
教	jiāo	[動]	教える	124
教汉语	jiāo Hànyǔ		中国語を教える	167
饺子	jiǎozi	[名]	餃子	137
叫	jiào	[動]	…と言う	38
		[動]	呼びかける	158
		[動]	…させる	162
教室	jiàoshì	[名]	教室	50
节	jié	[量]	…コマ	80
姐姐	jiějie	[名]	姉	56
借	jiè	[動]	借りる．貸す	138
借词典	jiè cídiǎn		辞典を借りる／貸す	167
介绍	jièshào	[動]	紹介する	130
介绍给	jièshàogěi		…に紹介する	178
今年	jīnnián	[名]	今年	56
今天	jīntiān	[名]	今日	80
紧张	jǐnzhāng	[形]	忙しい．緊張する	50
进	jìn	[動]	入る	50
进步	jìnbù	[名·動]	進歩（する）	168
进教室	jìn jiàoshì		教室に入る	167
近	jìn	[形]	近い	99
京都	Jīngdū	[名]	京都	111
经济学	jīngjìxué	[名]	経済学	73
京剧	jīngjù	[名]	京劇	162
久	jiǔ	[形]	久しい	168
就	jiù	[副]	すぐ	99
		[副]	ほかでもなく	130
		[副]	そうならば	158
句	jù	[量]	…文．…センテンス	131
俱乐部	jùlèbù	[名]	クラブ	80
卷舌音	juǎnshéyīn	[名]	卷舌音	173
觉得	juéde	[動]	…と思う	118
		K		
咖啡	kāfēi	[名]	コーヒー	87
卡拉OK	kǎlā ōukèi	[名]	カラオケ	124
开	kāi	[動]	運転する	137
		[動]	開く	158
开车	kāi//chē		車を運転する	137
开欢送会	kāi huān sònghuì		送別会を開く	158
开始	kāishǐ	[動]	始める	98
看	kàn	[動]	見る	56
看病	kàn//bìng		診察を受ける	144
看电视	kàn diànshì		テレビを観る	167
看朋友	kàn péngyou		友達を訪ねる	167
看清楚	kàn qīngchu		はっきり見える	157
看书	kàn shū		本を読む	167
考	kǎo	[動]	試験をする	150
考上	kǎoshàng		試験に受かる	150
考上大学	kǎoshàng dàxué		大学に合格する	157
考试	kǎoshì	[名·動]	テスト（する）	99
烤鸭	kǎoyā	[名]	ローストダック	87
咳嗽	késou	[動]	咳をする	144
可乐	kělè	[名]	コカコーラ	123
可以	kěyǐ	[助動]	…してよい．…できる	130
刻	kè	[量]	15分	86
课	kè	[名]	課	60
		[名]	授業	80
课本	kèběn	[名]	教科書	61
客气	kèqi	[動]	遠慮する	46
客人	kèren	[名]	お客	150
客厅	kètīng	[名]	応接間	173
课文	kèwén	[名]	テキストの本文	87
肯定	kěndìng	[副]	きっと	168
空儿	kòngr	[名]	暇	80
口	kǒu	[量]	…人	56
口语	kǒuyǔ	[名]	オーラル	150
块	kuài	[量]	元	87
快	kuài	[副]	まもなく．もうすぐ	106
		[形]	速い	123

快乐	kuàilè	[形]	楽しい	174
快…了	kuài…le		もうすぐ…になる	106

L

来	lái	[動]	来る	87
			（人を促して）さあ	169
来不及	láibují		間に合わない	174
来不了	láibuliǎo	[動]	来られない	168
来得及	láidejí		間に合う	174
老	lǎo	[接頭]	…さん	150
老家	lǎojiā	[名]	故郷	73
姥姥	lǎolao	[名]	母方の祖母	162
老师	lǎoshī	[名]	先生	38
姥爷	lǎoye	[名]	母方の祖父	162
了	le	[動助]	…してから	94
		[語助]	状況の変化を表す	106
		[動助]	完了を表す．…した	118
累	lèi	[形]	疲れる	150
离	lí	[介]	…から．…より．…まで	94
里	lǐ / li	[方]	なか	72
里边	lǐbian	[方]	なか．奥の方	72
李丽	Lǐ Lì	[人名]	李麗	41
历史	lìshǐ	[名]	歴史	73
联系	liánxì	[動]	連絡する	168
练	liàn	[動]	練習する	131
练习	liànxí	[動]	練習する	137
凉快	liángkuai	[形]	涼しい	106
两	liǎng	[数]	二つ	56
辆	liàng	[量]	…台	67
聊	liáo	[動]	おしゃべりする	130
聊天儿	liáo//tiānr		おしゃべりする	150
了解	liǎojiě	[動]	理解する	174
淋	lín	[動]	濡れる	144
林惠	Lín Huì	[人名]	林恵	38
零	líng	[数]	ゼロ	86
铃	líng	[名]	ベル	151
铃木贵子	Língmù Guìzǐ	[人名]	鈴木貴子	41
领带	lǐngdài	[名]	ネクタイ	150
留	liú	[動]	（髪の毛などを）はやす	150
流利	liúlì	[形]	流暢だ	123
留学	liúxué	[動]	留学する	112
留学生	liúxuéshēng	[名]	留学生	41
六	liù	[数]	六	56
礼物	lǐwù	[名]	プレゼント	137
录音	lùyīn	[名]	録音	33
旅行	lǚxíng	[動]	旅行する	112
旅游	lǚyóu	[動]	旅行する	106

M

妈妈	māma	[名]	お母さん．母	50
麻烦	máfan	[動]	面倒をかける	145
麻婆豆腐	mápódòufu	[名]	マーボトーフ	99
马马虎虎	mǎmǎhūhū		まあまあです	46
吗	ma	[語助]	…か	38
买	mǎi	[動]	買う	87
慢慢儿	mànmānr	[副]	ゆっくりと	130
忙	máng	[形]	忙しい	50
猫	māo	[名]	猫	60
毛衣	máoyī	[名]	セーター	138
没	méi	[副]	…ない	56
没（有）	méi (yǒu)	[副]	（…したことが）ない．…しなかった．…していない	106
没事儿	méi shìr		大丈夫です	145
美国	Měiguó	[名]	アメリカ	41
美丽	měilì	[形]	美麗だ．美しい	130
每天	měitiān	[名]	毎日	94
妹妹	mèimei	[名]	妹	61
闷热	mēnrè	[形]	蒸し暑い	111
门	mén	[名]	門	151
门票	ménpiào	[名]	入場券	151
们	men	[接尾]	…たち	41
米	mǐ	[量]	メートル	137
秘诀	mìjué	[名]	秘訣	131
面包	miànbāo	[名]	パン	123
民歌	míngē	[名]	民謡	168
明白	míngbai	[形]	分かる	150
明天	míngtiān	[名]	明日	87
名字	míngzi	[名]	名前	38
茉莉花	mòlihuā	[名]	ジャスミン	168
木	mù	[名]	木	130

N

拿	ná	[動]	持つ	137
哪	nǎ	[疑代]	どの	68
哪个	nǎge	[疑代]	どれ	72

哪国人	nǎ guó rén		どこの国の人	73
哪里	nǎli	[疑代]	どこ	70
哪里哪里	nǎli nǎli		いえいえ	118
哪些	nǎxiē	[疑代]	どれら	70
那	nà	[指代]	それ．その．あれ．あの	68
	nà	[接]	それなら	80
那个	nàge	[指代]	それ．その．あれ．あの	70
那里	nàli	[指代]	そこ．あそこ	70
那么	nàme	[指代]	あのように．あんなに	162
那些	nàxiē	[指代]	それら．あれら	70
南	nán	[方]	南	71
南面	nánmiàn	[方]	南側	71
难	nán	[形]	難しい	50
男	nán	[名]	男（の）	50
男学生	nánxuésheng	[名]	男子学生	50
哪儿	nǎr	[疑代]	どこ	73
那儿	nàr	[指代]	そこ．あそこ	72
呢	ne	[語助]	…は？	56
		[語助]	…か	94
		[語助]	誇張の語気を表す	118
能	néng	[助動]	…できる	80
你	nǐ	[人代]	あなた	38
你好	nǐ hǎo		こんにちは	41
你们	nǐmen	[人代]	あなたたち	41
年	nián	[名]	…年	98
年级	niánjí	[名]	学年	57
年纪	niánjì	[名]	年齢	61
年轻人	niánqīngrén	[名]	若者	174
念	niàn	[動]	声を出して読む．朗読する	112
鸟	niǎo	[名]	鳥	60
您	nín	[人代]	"你"の敬称	38
您好	nín hǎo		こんにちは	41
弄坏	nònghuài		（いじって）壊してしまう	157
努力	nǔlì	[形]	努力する	124
女	nǚ	[名]	女（の）	50
女儿	nǚ'ér	[名]	娘	61
女学生	nǚxuésheng	[名]	女子学生	50

		O		
哦	ò	[語助]	ああ	46

		P		
爬	pá	[動]	登る	112
盼望	pànwàng	[動]	待ち望む	162
旁	páng	[方]	そば	71
旁边	pángbiān	[名]	そば	72
跑	pǎo	[動]	走る	123
朋友	péngyou	[名]	友だち	50
朋子	péngzǐ	[人名]	朋子	61
批评	pīpíng	[動]	注意する．叱る	150
啤酒	píjiǔ	[名]	ビール	112
皮鞋	píxié	[名]	革靴	73
篇	piān	[量]	…編	87
便宜	piányi	[形]	（値段が）安い	111
票	piào	[名]	切符	61
漂亮	piàoliang	[形]	美しい．綺麗だ	50
乒乓球	pīngpāngqiú	[名]	卓球	112

		Q		
骑	qí	[動]	（自転車などに）乗る	94
骑自行车	qí zìxíngchē		自転車に乗る	167
起	qǐ	[動]	起きる	151
起床	qǐ//chuáng		起床する	167
起飞	qǐfēi	[動]	（飛行機が）離陸する	111
起来	qǐlai		起きて来る．（…し）上がる	151
千	qiān	[数]	千	87
铅笔	qiānbǐ	[名]	鉛筆	61
钱	qián	[名]	お金．金額	87
前	qián	[方]	前	71
前边	qiánbian	[方]	前．前の方	73
前年	qiánnián	[名]	おととし	83
前天	qiántiān	[名]	おととい	138
清楚	qīngchu	[形]	はっきりしている	123
情况	qíngkuàng	[名]	情況	137
请	qǐng	[動]	どうぞ	38
		[動]	頼む．してもらう．招く	158
请多关照	qǐng duō guānzhào		どうぞ宜しくお願いします	38
请问	qǐngwèn	[動]	お尋ねします	38
请坐	qǐng zuò		どうぞお座りください	46
去	qù	[動]	行く	80
去年	qùnián	[名]	去年	130

		R		
然后	ránhòu	[接]	それから	94

185

让	ràng	[動]	…させる	158
热	rè	[形]	暑い．熱い	111
热闹	rènao	[形]	にぎやかだ	173
热情	rèqíng	[形]	熱心だ	137
人	rén	[名]	人	38
人民币	rénmínbì	[名]	人民元	162
认识	rènshi	[動]	知り合う	130
认真	rènzhēn	[形]	まじめだ	124
日本	Rìběn	[名]	日本	38
日本酒	rìběnjiǔ	[名]	日本酒	112
日本人	Rìběnrén	[名]	日本人	38
日语	Rìyǔ	[名]	日本語	50
日元	rìyuán	[名]	日本円	87
日中大学	Rìzhōng dàxué	[名]	日中大学	68

S

三	sān	[数]	三	56
三明治	sānmíngzhì	[名]	サンドイッチ	158
伞	sǎn	[名]	傘	137
散步	sàn//bù		散歩する	137
商量	shāngliang	[動]	相談する	137
上	shàng	[動]	(授業や仕事に)出る	98
	shàng	[方]	上	71
	shàng / shang	[方]	…の上	68
上班	shàng//bān		出勤する	99
上边	shàngbian	[方]	上．上の方	71
上个月	shàng ge yuè	[名]	先月	83
上海	Shànghǎi	[名]	上海	106
上课	shàng//kè		授業に出る	98
上面	shàngmiàn	[方]	上．上の方	71
上网	shàng//wǎng		インターネットに接続する	150
上午	shàngwǔ	[名]	午前	87
少	shǎo	[形]	少ない	50
谁	shéi / shuí	[疑代]	だれ	46
什么	shénme	[疑代]	なに．どんな	38
什么的	shénme de	[助]	…など	158
什么时候	shénme shíhou		いつ	86
身体	shēntǐ	[名]	身体	46
生词	shēngcí	[名]	新出単語	112
生活	shēnghuó	[名]	生活．暮らし	106
生日	shēngri	[名]	誕生日	86
时	shí	[名]	とき	178
时候	shíhou	[名]	時．とき	86
时间	shíjiān	[名]	時間	61
食堂	shítáng	[名]	食堂	61
是	shì	[動]	…である	38
是…的	shì…de		…したのです	130
事儿	shìr	[名]	用事	87
收	shōu	[動]	受け取る	168
收到	shōudào		受け取る	157
收拾	shōushi	[動]	片づける	158
收下	shōuxià		(贈り物などを)納める	168
手	shǒu	[名]	手	99
首	shǒu	[量]	…曲	168
首先	shǒuxiān	[副]	まず	33
手机	shǒujī	[名]	携帯電話	61
书	shū	[名]	本	50
书包	shūbāo	[名]	カバン	73
书店	shūdiàn	[名]	書店	61
舒服	shūfu	[形]	気持ちがよい	144
书架	shūjià	[名]	本棚	68
暑假	shǔjià	[名]	夏休み	99
帅	shuài	[形]	格好いい	56
双	shuāng	[量]	…足	67
睡	shuì	[動]	眠る	99
睡觉	shuì//jiào		眠る	99
说	shuō	[動]	話す	118
		[動]	叱る	150
说错	shuōcuò		言い間違える	157
说话	shuō huà		話しをする	167
四月	sì yuè	[名]	四月	130
送	sòng	[動]	贈る	138
		[動]	届ける	145
送过去	sòngguoqu		(向こうへ)届ける	145
送客人	sòng kèrén		お客を見送る	167
送礼物	sòng lǐwù		プレゼントを贈る	167
算	suàn	[動]	…とみなす．…といえる	99
岁	suì	[量]	歳	57
所以	suǒyǐ	[接]	だから	174

T

她	tā	[人代]	彼女	41
他	tā	[人代]	彼	41
她们	tāmen	[人代]	彼女たち	41

他们	tāmen	[人代]	彼ら	41
台	tái	[量]	…台	60
太	tài	[副]	極めて．あまりにも…すぎる	46
弹	tán	[動]	弾く	137
谈	tán	[動]	話す	137
躺	tǎng	[動]	横になる	144
疼	téng	[形]	痛い	144
提问	tíwèn		質問をする	35
天	tiān	[名]	…日	98
天气	tiānqì	[名]	天気	50
跳	tiào	[動]	（ダンスを）する	123
跳舞	tiào//wǔ		ダンスをする．踊る	123
听	tīng	[動]	聴く	80
听懂	tīngdǒng		聞いて分かる	157
听力	tīnglì	[名]	ヒアリング	150
听说	tīng//shuō		聞くところによると…だそうだ	158
听写	tīngxiě		書き取り（をする）	33
挺	tǐng	[副]	かなり．なかなか	158
通过	tōngguò	[介]	（…を）とおして	174
同学	tóngxué	[名]	学友．クラスメート	41
		[名]	学生に対する呼称．…さん	56
头	tóu	[名]	頭	144
头发	tóufa	[名]	髪の毛	150
头疼	tóu//téng		頭が痛い	144
图书馆	túshūguǎn	[名]	図書館	61

W

外	wài	[方]	外	71
外边儿	wàibianr	[方]	外	168
外国	wàiguó	[名]	外国	61
外语	wàiyǔ	[名]	外国語	131
完	wán	[動]	終わる	123
玩儿	wánr	[動]	遊ぶ	99
晚	wǎn	[形]	遅い	174
晚安	wǎn'ān		おやすみなさい	32
晚饭	wǎnfàn	[名]	夕飯	137
晚上	wǎnshang	[名]	夜	80
万	wàn	[数]	万	87
汪洋	Wāng Yáng	[人名]	汪洋	38
王府井	wángfǔjǐng	[名]	王府井	173
王小梅	Wáng Xiǎoméi	[人名]	王小梅	41
网	wǎng	[名]	インターネット	150
网球	wǎngqiú	[名]	テニス	87
忘	wàng	[動]	忘れる	173
喂	wéi	[感]	もしもし	144
为	wèi	[介]	（…の）ために	169
味道	wèidao	[名]	味	150
为什么	wèi shénme		なぜ	118
文化	wénhuà	[名]	文化	118
文学	wénxué	[名]	文学	73
问	wèn	[動]	尋ねる	130
问题	wèntí	[名]	質問	130
问问题	wèn wèntí		質問をする	167
我	wǒ	[人代]	わたし	38
我们	wǒmen	[人代]	わたしたち	41
舞	wǔ	[名]	ダンス	123
午饭	wǔfàn	[名]	昼食	98

X

西	xī	[方]	西	71
西边	xībian	[方]	西側	71
西服	xīfú	[名]	洋服	150
希望	xīwàng	[動]	希望する	168
习惯	xíguàn	[動]	慣れる	106
洗	xǐ	[動]	洗う	99
洗干净	xǐgānjìng		きれいに洗う	157
喜欢	xǐhuan	[動]	好きだ	80
喜欢上（汉语）	xǐhuan shàng (Hànyǔ)		（中国語が）好きになる	157
洗手间	xǐshǒujiān	[名]	トイレ．化粧室	72
下	xià	[動]	（授業・仕事などが）終わる．ひける	80
		[動]	下りる	94
		[動]	降る	168
	xià / xia	[方]	した	72
下边	xiàbian	[方]	下．下の方	71
下车	xià chē		車を下りる	167
下大雨	xià dàyǔ		大雨が降る	168
下个月	xià ge yuè	[名]	来月	83
下课	xià//kè		授業が終わる	80
下面	xiàgmiàn	[方]	下．下の方	71
下午	xiàwǔ	[名]	午後	87
下星期	xià xīngqī	[名]	来週	124
下雨	xià yǔ		雨が降る	167
先	xiān	[副]	先ず	94

187

現在	xiànzài	[名]	いま	86
想	xiǎng	[助動]	…したい	80
响	xiǎng	[動]	鳴る	151
相	xiàng	[名]	写真	137
小	xiǎo	[形]	小さい	50
		[接頭]	…さん	73
小测验	xiǎo cèyàn	[名]	小テスト	35
小笼包	xiǎolóngbāo	[名]	ショウロンポウ	150
小卖部	xiǎomàibù	[名]	売店	61
小时	xiǎoshí	[名]	…時間	94
小说	xiǎoshuō	[名]	小説	87
小学生	xiǎoxuéshēng	[名]	小学生	61
些	xiē	[量]	不定数を表す．…ら	68
写	xiě	[動]	書く	99
写好	xiěhǎo		書き上げる	157
写信	xiě xìn		手紙を書く	167
谢谢	xièxie	[動]	ありがとう	46
新	xīn	[形]	新しい	150
新年	xīnnián	[名]	新年	174
新宿	Xīnsù	[名]	新宿	99
心意	xīnyì	[名]	こころ．気持ち	138
信	xìn	[名]	手紙	137
信息楼	xìnxīlóu	[名]	情報センター	61
星期	xīngqī	[名]	週間．曜日	80
星期二	xīngqī'èr	[名]	火曜日	83
星期几	xīngqī jǐ		何曜日	87
星期六	xīngqīliù	[名]	土曜日	80
星期三	xīngqīsān	[名]	水曜日	83
星期四	xīngqīsì	[名]	木曜日	86
星期天	xīngqītiān	[名]	日曜日	87
星期五	xīngqīwǔ	[名]	金曜日	83
星期一	xīngqīyī	[名]	月曜日	98
行	xíng	[形]	よい	137
姓	xìng	[動]	…という苗字です	38
幸福	xìngfú	[形]	幸福である	174
兴趣	xìngqù	[名]	興味	118
兄弟姐妹	xiōngdì jiěmèi	[名]	兄弟姉妹	56
休息	xiūxi	[動]	休む	144
选修	xuǎnxiū	[動]	（選択科目を）履修する	174
学	xué	[動]	学ぶ	111
学好汉语	xuéhǎo Hànyǔ		中国語をマスターする	157
学生	xuésheng	[名]	学生	38
学完	xuéwán		学び終える	157
学习	xuéxí	[動·名]	勉強する．学習	46
学校	xuéxiào	[名]	学校	50
雪	xuě	[名]	雪	173

Y

芽	yá	[名]	木の芽	173
呀	ya	[語助]	…か．…よ	46
烟	yān	[名]	タバコ	138
眼镜	yǎnjìng	[名]	メガネ	150
眼睛	yǎnjing	[名]	目	137
要	yào	[動]	要る．ほしい	72
		[動]	必要とする．（時間が）かかる	94
		[助動]	…したい．…する必要がある	80
要…了			もうすぐ…になる	111
药	yào	[名]	薬	145
要是	yàoshi	[接]	もし	158
也	yě	[副]	…も	38
页	yè	[名·量]	ページ	33
夜晚	yèwǎn	[名]	夜	168
一	yī	[数]	一	56
一…也	yī…yě		ひとつも…	131
衣服	yīfu	[名]	衣服．服	60
医院	yīyuàn	[名]	病院	144
一定	yídìng	[副]	きっと．必ず	137
一会儿	yíhuìr	[名]	しばらく	145
一块儿	yíkuàir	[副]	一緒に	106
一下	yíxià		ちょっと（…する）	144
一样	yíyàng	[形]	同じである	112
以后	yǐhòu	[方]	以降	168
已经	yǐjing	[副]	すでに	106
以前	yǐqián	[名]	以前	118
椅子	yǐzi	[名]	椅子	73
一般	yìbān	[副]	大体．ふつう	94
一边	yìbiān	[副]	…しながら	130
一边…一边	yìbiān…yìbiān		…しながら…する	130
意大利面	yìdàlìmiàn	[名]	スパゲティー	123
一点儿	yìdiǎnr		少し	106
一起	yìqǐ	[副]	一緒に	81

因为	yīnwèi	[接]	なぜならば	118
音乐	yīnyuè	[名]	音楽	80
银行	yínháng	[名]	銀行	73
银座	Yínzuò	[名]	銀座	99
应该	yīnggāi	[助動]	…すべきだ	144
英文	Yīngwén	[名]	英文．英語	68
英语	Yīngyǔ	[名]	英語	72
哟	yō	[嘆]	あら．おや	138
用	yòng	[介]	用いて．…で	138
游	yóu	[動]	泳ぐ	87
邮局	yóujú	[名]	郵便局	73
游泳	yóu//yǒng		水泳をする	87
有	yǒu	[動]	いる．ある．持つ	56
有点儿	yǒudiǎnr	[副]	少し	144
友谊	yǒuyì	[名]	友情	169
有意思	yǒu yìsi	[形]	おもしろい	124
右	yòu	[方]	右	71
右边	yòubian	[方]	右側	71
愉快	yúkuài	[形]	楽しい	168
雨	yǔ	[名]	雨	144
预习	yùxí	[動]	予習をする	33
圆珠笔	yuánzhūbǐ	[名]	ボールペン	73
远	yuǎn	[形]	遠い	94
月	yuè	[名]	…月	86

Z

杂志	zázhì	[名]	雑誌	68
在	zài	[動]	ある．いる	68
		[介]	…で．…に	94
		[副]	…している	144
		[動+在]	到達場所を表す	162
再见	zàijiàn		さようなら	81
咱们	zánmen	[人代]	私たち	81
早饭	zǎofàn	[名]	朝食	87
早就	zǎojiù	[副]	とっくに	174
早上	zǎoshang	[名]	朝	144
怎么	zěnme	[疑代]	どうやって	94
怎么样	zěnmeyàng	[疑代]	どう．どのようですか	46
站	zhàn	[名]	駅	99
		[動]	立つ	150
张	zhāng	[量]	…枚	60
张大明	Zhāng Dàmíng	[人名]	張大明	41
招待	zhāodài	[動]	招待する	168
着急	zháo//jí		焦る	168
找到	zhǎodào		（探して）見付かる	157
照	zhào	[動]	（写真を）撮る	137
照片	zhàopiàn	[名]	写真	56
照相	zhào//xiàng		写真を撮る	137
这	zhè	[指代]	これ	56
这个	zhège	[指代]	これ	72
这个月	zhè ge yuè	[名]	今月	83
这里	zhèli	[指代]	ここ	70
这么	zhème	[指代]	こんなに	124
这儿	zhèr	[指代]	ここ	46
这些	zhèxiē	[指代]	これら	70
这样	zhèyàng	[指代]	こう．そのように	144
着	zhe	[動助]	…している	144
真	zhēn	[副]	本当に	56
真的	zhēn de	[副]	本当である	106
正	zhèng	[副]	ちょうど	144
正在	zhèngzài	[副]	ちょうど…している	150
只	zhī	[量]	…匹	56
支	zhī	[量]	…本	60
只	zhǐ	[副]	…だけ	56
中餐馆	zhōngcānguǎn	[名]	中華料理店	174
中国	Zhōngguó	[名]	中国	38
中国菜	Zhōngguócài	[名]	中国料理	87
中国老师	Zhōngguó lǎoshī		中国人の先生	38
中国人	Zhōngguórén	[名]	中国人	38
中田美奈	Zhōngtián Měinài	[人名]	中田美奈	41
重	zhòng	[形]	重い	111
住	zhù	[動]	住む．泊まる	111
住二楼	zhù èrlóu		二階に住む	167
住饭店	zhù fàndiàn		ホテルに泊まる	167
祝	zhù	[動]	祝う．祈る	168
专业	zhuānyè	[名]	専攻	68
准备	zhǔnbèi	[動]	準備する	162
桌子	zhuōzi	[名]	机	68
子	zǐ	[名]	子	130
字	zì	[名]	字	99
自我	zìwǒ	[人代]	自己	174
自我介绍	zìwǒ jièshào	[名·動]	自己紹介（する）	174

自行车	zìxíngchē	[名]	自転車	94
走	zǒu	[動]	歩く．歩む	94
走累	zǒulèi		歩き疲れる	157
最近	zuìjìn	[名]	最近	46
昨天	zuótiān	[名]	昨日	112
左	zuǒ	[方]	左	71
左边	zuǒbian	[方]	左側	73
左面	zuǒmiàn	[方]	左側	71
左右	zuǒyòu	[名]	…ぐらい	94
坐	zuò	[動]	座る	46
		[動]	乗る	94
坐飞机	zuò fēijī		飛行機に乗る	167
坐椅子	zuò yǐzi		椅子にすわる	167
做	zuò	[動]	する．作る	80
做菜	zuò cài		料理を作る	167
做作业	zuò zuòyè		宿題をする	167
作	zuò	[動]	する	35
作品	zuòpǐn	[名]	作品	178
作小测验	zuò xiǎo cèyàn		小テストをする	35
作业	zuòyè	[名]	宿題	50

日本語索引

※発音編第1課〜第5課に記載されている単語は除く。

人名

阿部亮	阿部亮	41
王小梅	王小梅	41
汪洋	汪洋	31
鈴木貴子	铃木贵子	41
張大明	张大明	41
朋子	朋子	61
中田美奈	中田美奈	41
林恵	林惠	31
李麗	李丽	41

数字・英字

0	零	86
1	一	56
3	三	56
6	六	56
21	二十一	57
1000	千	87
15分	刻	86
Eメール	电子邮件	137
Eメールを送信する	发电子邮件	167

あ

ああ(納得)	哦	46
ああ(おどろき)	哎哟	168
愛する	爱	162
会う	见面	41
	见	81
(…し)上がる	起来	151
開ける	打开	162
朝	早上	144
あさって	后天	83
味わう	尝	137
味	味道	150
明日	明天	87
焦る	着急	168
あそこ	那里	70
	那儿	72
遊ぶ	玩儿	99
あ、そうだ	对了	158
与える	给	138
頭	头	144
頭が痛い	头疼	144
新しい	新	150
あっ	啊	50
	哎哟	168
暑い	热	111
熱い	热	111
(…の)あと	后	80
あとについて	跟	106
あなた	您	38
	你	38
あなたたち	你们	41
兄	哥哥	56
アニメーション	动漫	124
姉	姐姐	56
あの	那	68
	那个	70
あのように	那么	162
アパート	公寓	158
あまり…ない	不太	46
雨	雨	144
雨が降る	下雨	167
アメリカ	美国	41
歩む	走	94
あら	哟	138
洗う	洗	99
ありがとう	谢谢	46
ある	有	56
	在	68
歩き疲れる	走累	157
アルバイトをする	打工	80
歩く	走	94
あれ	那	68
	那个	70
あれら	那些	70
暗唱する	背	87
安心する	放心	150
あんなに	那么	162
言い間違える	说错	157
家	家	46
いえいえ	哪里哪里	118
家に帰る	回家	167
いくつ	几	56
	多大	56
行く	去	80
	到	94
以降	以后	168
椅子	椅子	73
椅子にすわる	坐椅子	167
以前	以前	118
忙しい	忙	50
	紧张	50
急ぐ	急	158
痛い	疼	144
いつ	什么时候	86
一緒に	一起	81
	一块儿	106
いつも	常	80
	常常	94
犬	狗	56
祈る	祝	168
衣服	衣服	60
いま	现在	86
妹	妹妹	61
いらっしゃい	欢迎欢迎	46
いる	有	56
いる	在	68
要る	要	72
祝う	祝	168
インターネット	网	150
インターネットに接続する	上网	150
上	上	71
	上边	71
	上面	71
(…の)上	上	68
上の方	上边	71
	上面	71

191

日本語	中文	頁	日本語	中文	頁	日本語	中文	頁
受け取る	收	168	おしゃべりする	聊	130	返す	还	138
	收到	157		聊天儿	150	換える	换	94
後ろ	后	71	遅い	晚	174	帰る	回	99
	后边	71	お尋ねします	请问	38	かかる	要	94
後ろの方	后边	71	お茶	茶	50	書き上げる	写好	157
歌	歌	137	お茶を飲む	喝茶	167	書き取り(をする)	听写	33
歌う	唱	137	弟	弟弟	61	書く	写	99
歌をうたう	唱歌	137	男(の)	男	50	学習	学习	46
打ち負かす	打败	150	おととい	前天	138	学生	学生	38
美しい	漂亮	50	おととし	前年	83	学年	年级	57
	美丽	130	踊る	跳舞	123	学友	同学	41
生まれる	出生	138	お願いする	拜托	162	かける	打	137
嬉しい	高兴	130	お腹	肚子	173		戴	150
運転する	开	137	(食べて)お腹が一杯になる	吃饱	157	傘	伞	137
映画	电影	80	お腹が空く	饿	173	傘を持つ	带伞	167
英語	英文	68	同じである	一样	112	貸す	借	138
	英语	72	お久しぶりです	好久不见了	46	風	风	173
英文	英文	68	(しっかりと)覚える	记住	157	風が吹く	刮风	173
駅	车站	72	思う	觉得	118	風邪薬	感冒药	145
	站	99	おもしろい	有意思	124	風邪をひく	感冒	144
遠慮する	客气	46		好玩儿	162	家族	家人	112
鉛筆	铅笔	61	おや	哟	138	片づける	收拾	158
(飲んで)美味しい	好喝	112	おやすみなさい	晚安	32	格好いい	帅	56
美味しい	好吃	123	泳ぐ	游	87	活動	活动	80
応接間	客厅	173	下りる	下	94	…月	月	86
大雨	大雨	168	終わる	下	80	学校	学校	50
大雨が降る	下大雨	168		完	123	必ず	一定	137
多い	多	46	音楽	音乐	80	かなり	挺	158
大きい	大	50	女(の)	女	50	彼女	她	41
大きな声	大声	33		**か**		彼女たち	她们	41
多く	多	38	…か(疑問)	吗	38	カバン	书包	73
オーラル	口语	150	(疑問)	呢	94	髪の毛	头发	150
お母さん	妈妈	50	(疑問・肯定)	呀	46	火曜日	星期二	83
お金	钱	87	課	课	60	…から	离	94
お菓子	点心	130	…回	次	106		从	94
起きる	起	151		遍	112		被	144
起きて来る	起来	151		顿	150	カラオケ	卡拉OK	124
置く	放	162	会社	公司	50	借りる	借	138
奥の方	里边	72	外国	外国	61	彼	他	41
贈る	送	138	外国語	外语	131	彼ら	他们	41
納める	收下	168	会話	对话	34	カレーライス	咖喱饭	123
教える	教	124	買う	买	87	革靴	皮鞋	73
	告诉	131				革靴を履く	穿皮鞋	167

…側	边	72	去年	去年	130	紅茶	红茶	87
韓国	韩国	41	餃子	饺子	137	高速鉄道	高铁	123
歓迎する	欢迎	46	着る	穿	150	幸福である	幸福	174
漢字	汉字	112	きれいだ	漂亮	50	ご遠慮なく	别客气	46
感じる	感	118		好看	112	コーヒー	咖啡	87
乾杯する	干杯	169		干净	162	コート	大衣	111
木	木	130	きれいに洗う	洗干净	157	コカコーラ	可乐	123
聞いて分かる	听懂	157	極めて	太	46	故郷	老家	73
聴く	听	80		极了	168	ここ	这儿	46
聞くところによると…だそうだ	听说	158	金額	钱	87		这里	70
			緊張する	紧张	50	こころ	心意	138
帰国する	回国	158	銀行	银行	73	午後	下午	87
起床する	起床	167	銀座	银座	99	午前	上午	87
北	北	71	金曜日	星期五	83	答える	回答	124
北側	北面	71	薬	药	145	今年	今年	56
	北边	72	薬をのむ	吃药	167	子供	孩子	173
切符	票	61	暮らし	生活	106	ごはん	饭	99
きっと	一定	137	クラス	班	46	ごはんを食べる	吃饭	167
	肯定	168	クラスメート	同学	41	…コマ	节	80
昨日	昨天	112	クラブ	俱乐部	80	ごめんなさい	对不起	80
木の芽	芽	173	…ぐらい	左右	94	来られない	来不了	168
希望する	希望	168	来る	来	87	これ	这	56
決まる	定	158		到	94		这个	72
きまりがわるい	不好意思	150	車	车	94	これら	这些	70
決める	定	158	車を運転する	开车	137	(いじって)壊す	弄坏	157
気持ち	心意	138	車を下りる	下车	167	今月	这个月	83
気持ちがよい	舒服	144	経済学	经济学	73	こんなに	这么	124
客	客人	150	経過する	过	145	こんにちは	您好	41
客を見送る	送客人	167	携帯電話	手机	61		你好	41
…脚	把	67	化粧室	洗手间	72		**さ**	
急用	急事	168	月曜日	星期一	98	さあ	来	169
今日	今天	80	…軒	家	67	…歳	岁	57
教科書	课本	61	元(貨幣の単位)	块	87	最近	最近	46
京劇	京剧	162	健康だ	好	41	作品	作品	178
教室	教室	50		健康	168	させる	让	158
教室に入る	进教室	167	捲舌音	卷舌音	173		叫	162
兄弟姉妹	兄弟姐妹	56	捲舌音を発音する	发卷舌音	167	…冊	本	60
京都	京都	111	…個	个	56	雑誌	杂志	68
興味	兴趣	118	子	子	130	さようなら	再见	81
(…に)興味を持っている	对…感兴趣	118	こう	这样	144	さらいねん	后年	83
共同	公用	158	合格する	考上	157	さらに	更	111
共同ダイニング	公用餐厅	158	航空券	机票	124			
…曲	首	168	高校生	高中生	61			

193

日本語	中国語	ページ
…さん	同学	56
	小	73
	老	150
参加する	参加	80
散歩する	散步	137
サンドイッチ	三明治	158
…時	点	80
字	字	99
しかし	但是	94
叱る	批评	150
	说	150
四月	四月	130
時間	时间	61
…時間	小时	94
試験に受かる	考上	150
試験をする	考	150
仕事	工作	50
自己	自我	174
自己紹介（する）	自我介绍	174
下	下边	71
	下面	71
	下	72
…した	了	118
…したい	想	80
	要	80
…したことがある	过	106
…したのです	是…的	130
下の方	下边	71
	下面	71
…したばかりだ	刚	168
質問	问题	130
質問をする	提问	35
	问问题	167
…してから	了	94
…していない	没（有）	106
…している	在	144
	着	144
してもらう	请	158
…してよい	可以	130
辞典	词典	68
辞典を貸す	借词典	167
辞典を借りる	借词典	167
自転車	自行车	94
自転車に乗る	骑自行车	167
…しなければならない	得	94
…しなかった	没（有）	106
…しながら	一边	130
…しながら…する	一边…一边	130
しばらく	一会儿	145
疲れる	累	150
締める（ネクタイ）	打	150
写真	照片	56
	相	137
写真を撮る	照相	137
上海	上海	106
ジャスミン	茉莉花	168
邪魔する	打扰	46
週間	星期	80
宿題	作业	50
宿題をする	做作业	167
出勤する	上班	99
出席をとる	点名	33
趣味（とする）	爱好	80
春節	春节	111
十分に	好好儿	137
授業	课	80
	功课	87
授業が終わる	下课	80
授業に出る	上课	98
授業の復習をする	复习功课	167
準備する	准备	162
紹介する	介绍	130
小学生	小学生	61
小説	小说	87
小説を翻訳する	翻译小说	167
招待する	招待	168
小テスト	小测验	35
小テストをする	作小测验	35
ショウロンポウ	小笼包	150
初回	初次	41
食材	菜	87
食堂	食堂	61
	餐厅	158
書店	书店	61
情況	情况	137
情報センター	信息楼	61
女子学生	女学生	50
知らせる	告诉	131
知り合う	认识	130
診察を受ける	看病	144
新出単語	生词	112
新宿	新宿	99
身体	身体	46
身長	个子	137
新年	新年	174
心配する	担心	174
新聞	报	123
進歩（する）	进步	168
…人	人	38
人民元	人民币	162
水泳をする	游泳	87
水曜日	星期三	83
吸う	抽	138
スーパーマーケット	超市	98
好きだ	喜欢	80
（中国語が）好きになる	喜欢上（汉语）	157
スキーをする	滑雪	173
過ぎる	过	86
…すぎる	太	46
少ない	少	50
すぐ	就	99
少し	一点儿	106
	有点儿	144
過ごす	度过	168
涼しい	凉快	106
ずっと…だ	得多	111
	多了	118
すでに	已经	106
すばらしい	不错	50
	棒	168
スパゲティー	意大利面	123
…すべきだ	应该	144
滑る	滑	173
すみません	对不起	80
住む	住	111
する	做	80
	干	144

する(球技など)	打	87		それとも	还是	118	地下鉄	地铁	99
(ダンス)	跳	123		それなら	那	80	遅刻する	迟到	150
…するつもりだ	打算	106		それら	那些	70	父	爸爸	61
…するな	不要	131			た		…着	件	60
	别	46		第…	第	60	ちゃんと	好好儿	137
…するはずだ	会…的	144		…台	台	60	注意する	批评	150
…する必要がある	要	80			辆	67	中華料理店	中餐馆	174
…する必要はない	不用	87		滞在する	呆	112	中国	中国	38
座る	坐	46		大学	大学	50	中国語	汉语	46
生活	生活	106		大学生	大学生	41	中国語に翻訳する	翻译成中文	157
清潔である	干净	162		大学に合格する	考上大学	157			
成績	成绩	50		大体	一般	94	中国語を教える	教汉语	167
セーター	毛衣	138		大丈夫です	没事儿	145	中国語をマスターする	学好汉语	157
咳をする	咳嗽	144		高い	高	111			
世話をする	关照	38		だから	所以	174	中国人の先生	中国老师	38
…銭	分	138		タクシーに乗る	打的	99	中国人	中国人	38
先月	上个月	83		…だけ	只	56	中国料理	中国菜	87
専攻	专业	68		尋ねる	问	130	昼食	午饭	98
先生	老师	38		正しい	对	56	中日辞書	汉日词典	73
…センテンス	句	131		…たち	们	41	朝食	早饭	87
送信する	发	137		卓球	乒乓球	112	ちょうど	正	144
掃除する	打扫	162		経つ	过	145	ちょうど…している	正在	150
そうだ	对	56		立つ	站	150			
相談する	商量	137		楽しい	愉快	168	ちょっと	一下	144
そうならば	就	158			快乐	174		哎	158
送別会	欢送会	158			欢乐	174	ちょっとお邪魔します	打搅打搅	46
送別会を開く	开 欢送会	158		頼む	请	158			
…足	双	67		タバコ	烟	138	…通	封	67
そこ	那里	70		タバコを吸う	抽烟	138	机	桌子	68
	那儿	72		食べる	吃	87	作る	做	80
卒業する	毕业	173		ために	给	130	包む	包	137
外	外	71			为	169	続ける	继续	174
	外边	168		だれ	谁	46	手	手	99
その	那	68		短期	短期	112	…で	在	94
	那个	70		誕生日	生日	86		用	138
そのように	这样	144		男子学生	男学生	50	手洗い	洗手间	72
そば	旁	71		ダンス	舞	123	…である	是	38
	旁边	72		ダンスをする	跳舞	123	…であろう	会	144
祖父(母方)	姥爷	162		段取りをつける	安排	174	提出する	交	162
祖母(母方)	姥姥	162		小さい	小	50	ディズニーランド	迪斯尼乐园	151
それ	那	68		チーム	队	150			
	那个	70		近い	近	99	手紙	信	137
それから	然后	94		近く	附近	61	手紙を書く	写信	167
							手紙を出す	发信	167

…できる	能	80	どこ	哪里	70	…に	在	94
	可以	130		哪儿	73		给	130
	会	130	どこの国の人	哪国人	73		被	144
…でしょう	吧	46	図書館	图书馆	61	…に置く	放在	162
テスト	测验	35	とっくに	早就	174	二階に住む	住二楼	167
テスト（する）	考试	99	とても	很	46	にぎやかである	热闹	173
手助けする	帮助	137	届ける	送	145	西	西	71
手伝う	帮	158	どの	哪	68	西側	西边	71
出て行く	出去	150	どのようですか	怎么样	46	…に紹介する	介绍给	178
テニス	网球	87	飛ぶ	飞	151	…にする	成	162
でも	不过	118	泊まる	住	111	…に対して	对	118
出る	上	98	…とみなす	算	99	…日	号	86
	出	150	友達	朋友	50		天	98
テレビ	电视机	61	友達を訪ねる	看朋友	167	日曜日	星期天	87
	电视	87	土曜日	星期六	80	日中大学	日中大学	68
テレビを観る	看电视	167	鳥	鸟	60	…になる	成	162
手渡す	交	162	努力する	努力	124	日本	日本	38
天気	天气	50	（写真を）撮る	照	137	日本円	日元	87
電子辞書	电子词典	72	どれ	哪个	72	日本語	日语	50
電車	电车	94	どれくらい	多	56	日本酒	日本酒	112
電話	电话	137		多大	56	日本人	日本人	38
電話をかける	打电话	137		多少	80	…に翻訳する	翻译成	157
…と	和	56	どれら	哪些	70	入場券	门票	151
	跟	106	どんな	什么	38	…人	口	56
…と言う	叫	38		**な**			个	56
…という苗字です	姓	38	…ない	不	38	濡れる	淋	144
…といえる	算	99		没	56	ねえ	欸	138
東京	东京	73		没（有）	106		哎	158
当然	当然	130	なか	里	72	ネクタイ	领带	150
到着する	到	94		里边	72	ネクタイを締める	打领带	167
到来（する）	到来	162	なかなか	挺	158	猫	猫	60
どうぞ	请	38	長い	长	106	熱心だ	热情	137
どうぞお座りください	请坐	46	なぜ	为什么	118	熱が出る	发烧	144
			なぜならば	因为	118	眠る	睡	99
どうぞ宜しくお願いします	请多关照	38	夏休み	暑假	99		睡觉	99
どう	怎么样	46	…など	什么的	158	…年	年	98
道理で	怪不得	124	なに	什么	38	年齢	年纪	61
どうやって	怎么	94	名前	名字	38	…の	的	46
遠い	远	94	ならば	的话	158	ノート	本子	73
（…を）とおして	通过	174	鳴る	响	151	後ほどまた	回头见	32
とき	时候	86	慣れる	习惯	106	登る	爬	112
	时	178	何曜日	星期几	87		登	138
						飲む	喝	50

乗り換える	換	94
乗る(自転車など)	騎	94
(電車など)	坐	94

は

…は(疑問)	呢	56
…杯	杯	124
入る	进	50
はい(同意)	好的	158
売店	小卖部	61
はく	穿	150
巴金(パキン)	巴金	112
拍手する	鼓掌	168
走る	跑	123
初めまして	初次见面	41
始める	开始	98
恥ずかしがる	害臊	131
恥ずかしい	不好意思	150
パソコン	电脑	60
働く	工作	50
発音	发音	112
はっきりしている	清楚	123
はっきり見える	看清楚	157
発する	发	137
話し	话	123
話しをする	说话	167
話す	说	118
	谈	137
速い	快	123
はやす(髪の毛)	留	150
半	半	80
万里の長城	长城	138
パン	面包	123
ヒアリング	听力	150
ピアノ	钢琴	137
ビール	啤酒	112
比較的	比较	94
東	东	71
東側	东边	71
…匹	只	56
弾く	弹	137
ひける	下	80
秘訣	秘诀	131
秘訣を教える	告诉秘诀	167

飛行機	飞机	111
飛行機に乗る	坐飞机	167
久しい	久	168
非常に	非常	130
左	左	71
左側	左面	71
	左边	73
筆記用具	笔	60
必要とする	要	94
ひとつも…	一…也	131
暇	空儿	80
病院	医院	144
病気	病	144
開く	翻	33
	开	158
	打开	162
美麗だ	美丽	130
付近	附近	61
服	衣服	60
吹く	刮	173
復習する	复习	87
富士山	富士山	112
不足している	差	86
二つ	两	56
ふつう	一般	94
フランス	法国	112
降る	下	168
プレゼント	礼物	137
プレゼントを贈る	送礼物	167
…分	分	86
…分間	分钟	94
紛失する	丢	173
…文	句	131
文学	文学	73
文化	文化	118
兵馬俑	兵马俑	174
ページ	页	33
北京	北京	73
北京大学	北京大学	73
ペキンダック	北京烤鸭	87
ベッド	床	144
ペット	宠物	61
部屋	房间	61

部屋を掃除する	打扫房间	167
ベル	铃	151
…編	篇	87
…へん(回数)	遍	112
勉強する	学习	46
ペン	笔	60
法律	法律	68
…(の)方	边	72
ボールペン	圆珠笔	73
ほかに	还	56
ほかでもなく	就	130
ほしい	要	72
ホテル	饭店	111
ホテルに泊まる	住饭店	167
ほとんど同じだ	差不多	106
ほめすぎる	过奖	168
本	书	50
本を読む	看书	167
…本	支	60
	把	67
本棚	书架	68
本当に	真	56
本当である	真的	106
本文	课文	87
翻訳する	翻译	162

ま

まあまあです	马马虎虎	46
マーボトーフ	麻婆豆腐	99
…枚	张	60
毎日	每天	94
前	前	71
	前边	73
前の方	前边	73
まじめだ	认真	124
先ず	首先	33
	先	94
マスターする	学好	157
また	还	56
まだ	还	112
まだまだです	差得远	118
まちがえる	错	124
待ち望む	盼望	162
待つ	等	99

197

…まで	离	94	用いて	用	138	よろしい	好	81	
	到	94	持つ	有	56	**ら**			
学び終える	学完	157		帯	130	…ら	些	68	
学ぶ	学	111		拿	137	来月	下个月	83	
間に合う	来得及	174	持ってくる	帯来	130	来週	下星期	124	
間に合わない	来不及	174	戻す	还	138	理解する	懂	123	
招く	请	158	物	东西	87		了解	174	
真向かい	対面	72	門	门	151	（選択科目を）履修する	选修	174	
まもなく	快	106	**や**			留学する	留学	112	
万	万	87	野球	棒球	123	留学生	留学生	41	
マンション	公寓	158	野球をする	打棒球	167	流暢だ	流利	123	
右	右	71	野菜	菜	87	両替する	兑换	162	
右側	右边	71	安い	便宜	111	料理	菜	87	
（探して）見付かる	找到	157	休む	休息	144	料理を作る	做菜	167	
みな	都	68	やる	干	144	旅行する	旅游	106	
皆さん	大家	130	友情	友谊	169		旅行	112	
南	南	71	夕飯	晚饭	137	離陸する	起飞	111	
南側	南面	71	郵便局	邮局	73	歴史	历史	73	
苗字はなんとおっしゃいますか	贵姓	38	雪	雪	173	レストラン	餐厅	158	
			ゆっくりと	慢慢儿	130		饭店	111	
見る	看	56	…よ	啊	38	練習する	练	131	
民謡	民歌	168	よい	好	41		练习	137	
蒸し暑い	闷热	111		不错	50	連絡する	联系	168	
息子	儿子	111		行	137	朗読する	念	112	
娘	女儿	61	ようこそ	欢迎欢迎	46	録音	录音	33	
難しい	难	50	用事	事儿	87	ローストダック	烤鸭	87	
目	眼睛	137	曜日	星期	80	**わ**			
メートル	米	137	洋服	西服	150	わかりました	好	81	
メガネ	眼镜	150	洋服を着る	穿西服	167	分かる	懂	123	
メガネをかける	戴眼镜	150	横になる	躺	144		明白	150	
芽が出る	发芽	173	予習をする	预习	33	若者	年轻人	174	
めくる	翻	33	呼びかける	叫	158	忘れる	忘	173	
面倒をかける	麻烦	145	読む	读	112	私	我	38	
…も	也	38		念	112	私たち	我们	41	
もうすぐ	快	106	…より	离	94		咱们	81	
	要	111		比	106	王府井	王府井	173	
もうすぐ…になる	快…了	106	夜	晚上	80	…を	把	158	
木曜日	星期四	86		夜晚	168				
もし	要是	158	喜び	欢乐	174				
もしもし	喂	144							

著者紹介

胡　婉如　早稲田大学など非常勤講師
柿市里子　中央大学など非常勤講師

CD吹込

凌慶成・李洵

基礎からきちんと中国語
　　　き そ　　　　　　　　　　　　　ちゅうごくご

2013年3月　1日　初版第1刷発行
2017年3月31日　初版第3刷発行

著　　者●胡婉如・柿市里子
発行者●山田真史
発行所●株式会社東方書店
　　　　東京都千代田区神田神保町1-3　〒101-0051
　　　　電話(03)3294-1001　営業電話(03)3937-0300
装幀・レイアウト●堀博
組　　版●株式会社シーフォース
印　　刷●モリモト印刷株式会社
CD製作●株式会社中録新社

定価はカバーに表示してあります

Ⓒ2013 胡婉如・柿市里子　　Printed in Japan
ISBN978-4-497-21303-7 C3087

乱丁・落丁本はお取り替え致します。恐れ入りますが直接本社へご郵送ください。
Ⓡ本書を無断で複写複製（コピー）することは、著作権法上での例外を除き、禁じられています。本書をコピーされる場合は、事前に日本複写権センター（JRRC）の許諾を受けてください。
JRRC〈http://www.jrrc.or.jp　Eメール：info@jrrc.or.jp　電話：03-3401-2382〉
小社ホームページ〈中国・本の情報館〉で小社出版物のご案内をしております。
http://www.toho-shoten.co.jp/

好評発売中

東方中国語辞典

相原茂・荒川清秀・大川完三郎主編／中国人の身近なことばや用例を多数収録。付録も充実。学習やビジネスに威力を発揮。斬新なデザインと2色刷りで引き易い中国語辞典。・・・・・・・・・・・・・・・・・・・・ 四六判2120頁◎本体5000円＋税 978-4-497-20312-0

精選日中・中日辞典 改訂版

姜晩成・王郁良編／日中辞典約2万語、中日辞典約2万2000語の語彙を収録。学習に旅行にビジネスに携帯便利なポケット辞典。
・・・・・・・・・・・・・・・・・・・・・・・ ポケット判1408頁◎本体2500円＋税 978-4-497-20002-0

中国語文法用例辞典
《現代漢語八百詞 増訂本》日本語版

呂叔湘主編／牛島徳次・菱沼透監訳／本格的文法辞典として名高い《現代漢語八百詞》増訂本（商務印書館、1995）を完訳。大幅な加筆修正を行い、収録語は全部で約1000語に。・・・・・・・・・・ 四六判608頁◎本体4800円＋税 978-4-497-20303-8

HSKも中検もこの一冊！
単語マスターパーフェクトガイド
（初中級）

ビラール イリヤス著／HSK1級～3級・中検準4級～3級対応。HSK／中検の級ごとに章分けし、品詞別に単語を配列。用例、練習問題を豊富に収録。音声ダウンロード方式。・・・・・・・・・・・・・・・A5判304頁◎本体2000円＋税 978-4-497-21614-4

三文字エクササイズ中国語1200
伝わる！使える！三文字会話・フレーズ集〔MP3CD付〕

林修三著／日本語→中国語、中国語→日本語で流れる音声で翻訳の反射神経を鍛えたら、第2部会話編で応用をマスター。
・・・・・・・・・・・・・・・・・・・・・・・・ 四六判208頁◎本体1800円＋税 978-4-497-21511-6

東方書店ホームページ〈中国・本の情報館〉http://www.toho-shoten.co.jp/

Region (Chinese)	Pinyin
新疆维吾尔自治区	Xīnjiāng Wéiwú'ěr Zìzhìqū
黑龙江省	Hēilóngjiāng Shěng
内蒙古自治区	Nèi-Ménggǔ Zìzhìqū
吉林省	Jílín Shěng
甘肃省	Gānsù Shěng
宁夏回族自治区	Níngxià Huízú Zìzhìqū
北京市	Běijīng Shì
辽宁省	Liáoníng Shěng
天津市	Tiānjīn Shì
河北省	Héběi Shěng
青海省	Qīnghǎi Shěng
山西省	Shānxī Shěng
山东省	Shāndōng Shěng
西藏自治区	Xīzàng Zìzhìqū
陕西省	Shǎnxī Shěng
河南省	Hénán Shěng
江苏省	Jiāngsū Shěng
重庆市	Chóngqìng Shì
湖北省	Húběi Shěng
安徽省	Ānhuī Shěng
上海市	Shànghǎi Shì
四川省	Sìchuān Shěng
浙江省	Zhèjiāng Shěng
湖南省	Húnán Shěng
江西省	Jiāngxī Shěng
贵州省	Guìzhōu Shěng
福建省	Fújiàn Shěng
云南省	Yúnnán Shěng
广西壮族自治区	Guǎngxī Zhuàngzú Zìzhìqū
台湾省	Táiwān Shěng
香港	Xiānggǎng
澳门	Àomén
广东省	Guǎngdōng Shěng
海南省	Hǎinán Shěng

		韻母	ゼロ韻頭															iとi韻頭										uとu韻頭									üとü韻頭			
			1	2	3	4	5	6	7	8	9	10	11	12	13	14	15	16	17	18	19	20	21	22	23	24	25	26	27	28	29	30	31	32	33	34	35	36	37	38
声母			a	o	e	ê	er	-i	ai	ei	ao	ou	an	en	ang	eng	ong	i	ia	ie	iao	iou -iu	ian	in	iang	ing	iong	u	ua	uo	uai	uei -ui	uan	uen -un	uang	ueng	ü	üe	üan	ün
			[A]	[o]	[ɣ]	[ɛ]	[ɚ]	[ɿ]	[ai]	[ei]	[ɑu]	[ou]	[an]	[ən]	[ɑŋ]	[əŋ]	[uŋ]	[i]	[iA]	[iɛ]	[iɑu]	[iou]	[iɛn]	[in]	[iɑŋ]	[iŋ]	[yŋ]	[u]	[uA]	[uo]	[uai]	[uəi]	[uan]	[uən]	[uɑŋ]	[uəŋ]	[y]	[yɛ]	[yɛn]	[yn]
	ゼロ声母		a	o	e	ê	er	-i	ai	ei	ao	ou	an	en	ang	eng	ong	yi	ya	ye	yao	you	yan	yin	yang	ying	yong	wu	wa	wo	wai	wei	wan	wen	wang	weng	yu	yue	yuan	yun
①	両唇音	b [p]	ba	bo					bai	bei	bao		ban	ben	bang	beng		bi		bie	biao		bian	bin		bing		bu												
②		p [p']	pa	po					pai	pei	pao	pou	pan	pen	pang	peng		pi		pie	piao		pian	pin		ping		pu												
③		m [m]	ma	mo	me				mai	mei	mao	mou	man	men	mang	meng		mi		mie	miao	miu	mian	min		ming		mu												
④	唇歯音	f [f]	fa	fo						fei		fou	fan	fen	fang	feng												fu												
⑤	舌尖音	d [d]	da		de				dai	dei	dao	dou	dan	den	dang	deng	dong	di	dia	die	diao	diu	dian			ding		du		duo		dui	duan	dun						
⑥		t [t]	ta		te				tai		tao	tou	tan		tang	teng	tong	ti		tie	tiao		tian			ting		tu		tuo		tui	tuan	tun						
⑦		n [n]	na		ne				nai	nei	nao	nou	nan	nen	nang	neng	nong	ni		nie	niao	niu	nian	nin	niang	ning		nu		nuo			nuan				nü	nüe		
⑧		l [l]	la	lo	le				lai	lei	lao	lou	lan		lang	leng	long	li	lia	lie	liao	liu	lian	lin	liang	ling		lu		luo			luan	lun			lü	lüe		
⑨	舌根音	g [k]	ga		ge				gai	gei	gao	gou	gan	gen	gang	geng	gong											gu	gua	guo	guai	gui	guan	gun	guang					
⑩		k [k']	ka		ke				kai	kei	kao	kou	kan	ken	kang	keng	kong											ku	kua	kuo	kuai	kui	kuan	kun	kuang					
⑪		h [x]	ha		he				hai	hei	hao	hou	han	hen	hang	heng	hong											hu	hua	huo	huai	hui	huan	hun	huang					
⑫	舌面音	j [tɕ]																ji	jia	jie	jiao	jiu	jian	jin	jiang	jing	jiong										ju	jue	juan	jun
⑬		q [tɕ']																qi	qia	qie	qiao	qiu	qian	qin	qiang	qing	qiong										qu	que	quan	qun
⑭		x [ɕ]																xi	xia	xie	xiao	xiu	xian	xin	xiang	xing	xiong										xu	xue	xuan	xun
⑮	捲舌音	zh [tʂ]	zha		zhe			zhi	zhai	zhei	zhao	zhou	zhan	zhen	zhang	zheng	zhong											zhu	zhua	zhuo	zhuai	zhui	zhuan	zhun	zhuang					
⑯		ch [tʂ']	cha		che			chi	chai		chao	chou	chan	chen	chang	cheng	chong											chu	chua	chuo	chuai	chui	chuan	chun	chuang					
⑰		sh [ʂ]	sha		she			shi	shai	shei	shao	shou	shan	shen	shang	sheng												shu	shua	shuo	shuai	shui	shuan	shun	shuang					
⑱		r [ʐ]						ri			rao	rou	ran	ren	rang	reng	rong											ru	rua	ruo		rui	ruan	run						
⑲	舌歯音	z [ts]	za		ze			zi	zai	zei	zao	zou	zan	zen	zang	zeng	zong											zu		zuo		zui	zuan	zun						
⑳		c [ts']	ca		ce			ci	cai		cao	cou	can	cen	cang	ceng	cong											cu		cuo		cui	cuan	cun						
㉑		s [s]	sa		se			si	sai		sao	sou	san	sen	sang	seng	song											su		suo		sui	suan	sun						